Inserción Laboral, Sensibilización Medioambiental y en la Igualdad de Género

ICB Editores (Interconsulting Bureau S.L.)
C/ Flauta Mágica, 1, local 1B
P.I. Alameda 29006 - Málaga. España
Tfno: (+34) 952 28 87 67
info@icbeditores.com
www.icbeditores.com

Inserción Laboral, Sensibilización Medioambiental y en la Igualdad de Género

Coordinadora de la obra: María Dolores Pérez Rodríguez
Licenciada en Pedagogía por la Universidad de Málaga

1ª edición, 11/2025
ISBN: 979-13-87894-11-5

Impreso en España - *Printed in Spain*

Código: MAIC006065

C.20181023110654 - M.20251110114534

ÍNDICE

1. Inserción Laboral, Sensibilización Medioambiental y en la Igualdad de Género

1.1. Inserción Laboral

1.2. Sensibilización Medioambiental

1.3. Sensibilización en la Igualdad de Género

ICB
EDITORES

MÓDULO

1. Inserción Laboral, Sensibilización Medioambiental y en la Igualdad de Género

Contenido del Módulo

ICB
EDITORES

UNIDAD

1.1. Inserción Laboral

Contenido de la Unidad

- Situación y Tendencias del Sector Productivo Objeto de Formación
- Desarrollo de Estrategias Personales Propias para la Búsqueda de Trabajo
- Buscar Trabajo con Agenda
- Canales de Empleo
- Cómo Ganar la Selección: Currículum Vitae, Carta de Presentación, Entrevistas
- Emprendedores: Plan de Negocio, Montar Empresas, Ayudas al Emprendedor, Capitalización de Prestaciones
- Resumen
- Autoevaluación

1. Situación y Tendencias del Sector Productivo Objeto de Formación

El mercado laboral actual se encuentra en una transformación constante. Los estudios más recientes sobre las tendencias de empleo en Europa y en España muestran un cambio estructural profundo, impulsado por la digitalización, la automatización de procesos, la sostenibilidad y los nuevos modelos de organización del trabajo.

Cada vez más profesionales experimentan a lo largo de su vida cambios en su ocupación, ya sea por la evolución tecnológica, la movilidad geográfica o funcional, la aparición de nuevos perfiles profesionales o la obsolescencia de determinadas competencias.

Este contexto ha dado lugar a un mercado caracterizado por la **flexibilidad, la movilidad** y la adaptación continua. Los empleos estables y de larga duración son menos frecuentes, mientras que las modalidades temporales, híbridas o basadas en proyectos ganan protagonismo.

La empleabilidad ya no depende tanto de la permanencia en una misma empresa, sino de la capacidad de las personas para aprender, reinventarse y adaptarse a las necesidades cambiantes del entorno laboral.

Entre las principales tendencias que definen el mercado de trabajo del siglo XXI destacan:

⇨ **Transformación digital y nuevas tecnologías:** la automatización, la inteligencia artificial, la analítica de datos y la robótica están modificando los procesos productivos, reduciendo algunos puestos tradicionales, pero generando otros nuevos en áreas como la ciberseguridad, el marketing digital, la gestión de plataformas, la programación o la atención al cliente digital. Estas tecnologías ofrecen, además, nuevas oportunidades de autoempleo y trabajo independiente, así como modalidades laborales basadas en el teletrabajo o la economía colaborativa.

- **Subcontratación y externalización de servicios:** las empresas buscan ser más eficientes concentrándose en su actividad principal y delegando tareas como la contabilidad, el mantenimiento, la informática o la logística en empresas especializadas. Esto amplía el abanico de oportunidades para los profesionales autónomos y las pequeñas empresas de servicios.

- **Nueva cultura contractual y organización flexible:** los contratos indefinidos han dejado paso a modelos más flexibles, como el trabajo por proyectos, los contratos mixtos o el empleo a tiempo parcial, lo que exige una mayor capacidad de gestión del tiempo y de los recursos personales. Paralelamente, se consolidan fórmulas híbridas entre el empleo tradicional y el emprendimiento, como el trabajo autónomo digital o las cooperativas de servicios.

- **Expansión del sector servicios y de la economía verde:** la terciarización de la economía sigue siendo una de las principales fuentes de empleo. Aumentan las oportunidades en sectores como el turismo sostenible, la hostelería, la atención a personas dependientes, el comercio, la formación, la sanidad, la cultura, la tecnología y la gestión medioambiental. Este último ámbito, impulsado por la transición ecológica, está generando una demanda creciente de perfiles técnicos y profesionales con sensibilidad ambiental y competencias en sostenibilidad.

- **Teletrabajo y modelos híbridos:** la pandemia de 2020 aceleró un cambio irreversible en la forma de trabajar. Hoy, el teletrabajo, el trabajo híbrido y las oficinas compartidas son una realidad consolidada. Estas modalidades permiten compatibilizar la vida personal y profesional, pero también requieren habilidades digitales, disciplina y comunicación efectiva en entornos virtuales.

En este nuevo escenario, los profesionales deben asumir que la **formación continua** es el eje principal de su desarrollo laboral. No basta con contar con una titulación formal: la actualización constante de competencias técnicas, digitales, comunicativas y sociales es esencial para mantener la empleabilidad. El aprendizaje permanente se convierte así en una actitud vital, una herramienta de progreso personal y un requisito para responder a los retos de la innovación tecnológica y la sostenibilidad.

Las empresas, por su parte, demandan **trabajadores polivalentes, proactivos y con capacidad de adaptación**. Buscan personas con pensamiento crítico, creatividad, iniciativa, habilidades sociales y dominio de herramientas digitales. La flexibilidad contractual y la capacidad para asumir distintos roles dentro de una organización se valoran cada vez más, junto con el compromiso, la autonomía, la comunicación efectiva y la disposición para aprender.

En definitiva, la inserción laboral hoy no depende únicamente de encontrar un puesto, sino de desarrollar un perfil competencial que combine **formación, adaptabilidad, innovación y actitud positiva ante el cambio**. Los profesionales que comprendan esta dinámica serán los que mejor se integren y progresen en un mercado de trabajo cada vez más global, interconectado y competitivo.

1.1. Perfil del Trabajador Demandado por las Empresas

El perfil profesional que hoy buscan las empresas ha evolucionado de forma significativa en la última década. Ya no basta con dominar los conocimientos técnicos de un puesto; el mercado laboral actual exige personas versátiles, capaces de aprender de manera continua, de adaptarse a entornos cambiantes y de aportar valor añadido a través de la innovación, la responsabilidad y la colaboración.

El trabajador o trabajadora más demandado es, ante todo, **una persona adaptable**. La rápida transformación tecnológica obliga a aprender y desaprender con agilidad, a incorporar nuevas herramientas digitales y a integrarlas en los procesos diarios. La capacidad para **asimilar los cambios tecnológicos**, la mentalidad abierta ante la innovación y la disposición para seguir formándose son rasgos esenciales en cualquier profesión.

Además, las empresas valoran cada vez más las denominadas **competencias blandas o "soft skills"**, es decir, aquellas habilidades personales y sociales que favorecen el trabajo en equipo, la comunicación y la resolución de problemas. Ser capaz de escuchar, colaborar, asumir responsabilidades y gestionar los conflictos con empatía son cualidades que se asocian con la madurez profesional y la capacidad de liderazgo.

La **confianza en uno mismo** también resulta determinante. Las organizaciones necesitan personas seguras de sus capacidades, capaces de tomar decisiones con criterio y de actuar con autonomía, sin perder la capacidad de coordinarse con los demás. A esta confianza se une la **iniciativa personal**, entendida como la predisposición a proponer mejoras, anticiparse a los problemas y actuar con proactividad ante los retos.

La **creatividad** es otra de las competencias más apreciadas. En un entorno global e interconectado, las empresas valoran los perfiles que ofrecen soluciones originales y que aportan nuevas ideas en la mejora de productos, servicios o procesos. La creatividad ya no se asocia solo con las artes o el diseño, sino que se considera una herramienta estratégica para la innovación y la competitividad empresarial.

A estas cualidades se suman otras características esenciales: la **capacidad de organización y planificación, la resiliencia ante la presión y la tolerancia al fracaso**. El error se percibe hoy como una oportunidad de aprendizaje, y las empresas buscan personas que sepan gestionar las dificultades sin desmotivarse, que mantengan una actitud positiva y que transformen los contratiempos en experiencias de mejora.

El dominio de **idiomas y competencias digitales** continúa siendo una exigencia transversal. El inglés sigue siendo el idioma de referencia en la comunicación empresarial y tecnológica, mientras que el manejo de herramientas informáticas, plataformas colaborativas y entornos digitales se considera una habilidad básica para cualquier trabajador o trabajadora del siglo XXI.

Por último, las empresas demandan **movilidad y flexibilidad**, no solo en el sentido geográfico o de horario, sino también en la disposición para asumir nuevas tareas, cambiar de roles o participar en proyectos multidisciplinares. La empleabilidad actual se construye sobre la base de la **adaptabilidad, el compromiso, la actitud ética y la disposición al aprendizaje constante**.

En términos generales, los empleadores valoran de forma positiva a las personas que muestran una actitud abierta, optimista y resolutiva. Ser desenvuelto, saber trabajar bajo presión, mantener la cordialidad en el trato, planificar de forma eficiente y mostrar entusiasmo por los objetivos de la empresa son cualidades que se asocian con el éxito profesional. También se aprecian la flexibilidad mental, la estabilidad emocional y la capacidad para gestionar las emociones en contextos laborales complejos.

Por el contrario, resultan poco favorables los comportamientos pasivos o indiferentes, la falta de implicación, la escasa preparación técnica o la incapacidad para integrarse en un equipo. También generan desconfianza la arrogancia, la desorganización, la impuntualidad o la falta de interés por el proyecto común. Del mismo modo, centrarse únicamente en el salario, descuidar la presentación personal o mostrar desinterés por las características del puesto son actitudes que suelen limitar las oportunidades de contratación.

En definitiva, el perfil del trabajador o trabajadora más valorado combina **competencia técnica, inteligencia emocional y actitud positiva**. Las empresas buscan profesionales que no solo sepan hacer bien su trabajo, sino que lo hagan con compromiso, responsabilidad y visión de futuro. La empleabilidad, hoy más que nunca, depende de una combinación equilibrada entre saber, saber hacer y saber estar.

1.2. Áreas de Actividad y Profesionales con Mejores Perspectivas de Empleo

El panorama laboral de 2025 está marcado por una profunda transformación productiva y social. Las transiciones digital y ecológica, junto con los nuevos modelos de consumo y la reorganización del trabajo tras la pandemia, han redefinido las oportunidades profesionales en prácticamente todos los sectores. Las empresas buscan perfiles cada vez más híbridos, capaces de combinar competencias técnicas con habilidades digitales, pensamiento crítico, sostenibilidad, inteligencia emocional y una fuerte orientación al aprendizaje continuo.

Las áreas con mayor proyección se concentran en torno a cinco grandes ejes: **la digitalización de la economía, la sostenibilidad medioambiental, los servicios a las personas, la innovación tecnológica y la modernización de los sectores tradicionales**. A continuación, se describen los ámbitos más dinámicos y las profesiones con mejores perspectivas de empleabilidad.

1. **Administración, gestión y servicios empresariales**

Las empresas están inmersas en un proceso de automatización y transformación digital que requiere personal cualificado para coordinar procesos, analizar datos y optimizar recursos.Los perfiles más demandados se encuentran en la **gestión administrativa avanzada, el análisis de datos empresariales (business intelligence), la gestión de recursos humanos digitales, la prevención de riesgos laboralesy la gestión de la calidad y la sostenibilidad**.

También se valora la figura del **asistente ejecutivo digital**, capaz de gestionar entornos virtuales, coordinar agendas, elaborar informes interactivos y dominar herramientas colaborativas en la nube. Los **consultores de organización y eficiencia**, especializados en transformación digital, gestión por competencias o planificación estratégica, ocupan un lugar destacado en la nueva economía del conocimiento.

2. **Comercio, marketing y atención al cliente**

El comercio ha evolucionado hacia un modelo omnicanal que combina la venta presencial con el comercio electrónico y las plataformas digitales. Las empresas demandan **gestores de redes comerciales, especialistas en marketing digital, diseñadores de estrategias de contenidos, community managers, analistas de mercado y técnicos en atención al cliente online**.Las habilidades de comunicación, la empatía y la capacidad de adaptación a distintos públicos son esenciales, así como el dominio de idiomas y el uso de herramientas de inteligencia artificial para la personalización de la oferta.

El auge del comercio sostenible y de proximidad, junto con la digitalización de las pequeñas y medianas empresas, abre también oportunidades para **asesores en venta responsable, técnicos de merchandising ecológico y gestores de marketplaces.**

3. **Medio ambiente y sostenibilidad**

La transición ecológica es una de las principales fuentes de empleo del siglo XXI. La economía verde y circular genera oportunidades en la **gestión de residuos, la eficiencia energética, la movilidad sostenible, las energías renovables, la gestión del agua y la protección de los ecosistemas naturales**.Entre los perfiles más demandados destacan los **técnicos en**

gestión medioambiental, educadores ambientales, especialistas en auditorías energéticas, ingenieros en impacto ambiental, gestores de sostenibilidad corporativa (ESG) y profesionales en tratamiento y depuración de aguas.

La lucha contra el cambio climático y la descarbonización de la economía han impulsado también el desarrollo de nuevas profesiones, como el **gestor de huella de carbono, el consultor en economía circular, el especialista en energías limpias, o el técnico en restauración de suelos y espacios naturales**. En este ámbito, la formación técnica se combina con una creciente conciencia ética y ambiental.

4. **Ocio, cultura, turismo y hostelería**

El sector del turismo y la hostelería se ha reinventado hacia un modelo más sostenible, digital y personalizado. En 2025, los profesionales más solicitados son los **gestores de experiencias turísticas sostenibles, los especialistas en marketing hotelero digital, los cocineros con enfoque saludable y local, los baristas y sumilleres especializados, y los directores de hostelería con competencias en gestión tecnológica y liderazgo de equipos multiculturales**.

El turismo rural, de naturaleza y de bienestar continúa creciendo, al igual que los servicios de animación cultural, los festivales y la divulgación patrimonial. Esto genera oportunidades para **guías turísticos digitales, técnicos en interpretación del patrimonio, productores culturales y agentes de desarrollo local**.En el ámbito del ocio y la cultura, ganan peso los **gestores de eventos, creadores de contenidos audiovisuales, profesionales del metaverso y la realidad aumentada y docentes en formación ocupacional y cultural**.

5. **Sanidad y servicios sociales**

El envejecimiento de la población, el aumento de la esperanza de vida y los nuevos modelos familiares han impulsado el crecimiento de la **economía del cuidado**. Se demandan **profesionales sociosanitarios, técnicos en atención a la dependencia, auxiliares de geriatría, asistentes personales, cuidadores a domicilio y mediadores comunitarios**.

La sanidad, por su parte, incorpora la tecnología como herramienta de diagnóstico, seguimiento y prevención. Los **técnicos en electromedicina, los especialistas en teleasistencia sanitaria, los enfermeros digitales, los fisioterapeutas, los logopedas, los nutricionistas y los psicólogos clínicos** son figuras esenciales en los sistemas de salud modernos.

La telemedicina y la inteligencia artificial aplicada al diagnóstico están creando nuevas oportunidades para **gestores de información médica, analistas de datos clínicosy profesionales en biotecnología y salud digital**.

6. **Tecnología, informática y telecomunicaciones**

Este es uno de los sectores con mayor dinamismo y proyección. Las empresas buscan **ingenieros de software, analistas programadores, desarrolladores de aplicaciones móviles, técnicos en ciberseguridad, especialistas en inteligencia artificial y aprendizaje automático, gestores de bases de datos y administradores de redes y sistemas**.

La convergencia entre telecomunicaciones y tecnología ha dado lugar a perfiles híbridos, como el **especialista en conectividad 5G, el diseñador de infraestructuras inteligentes (IoT) o el gestor de proyectos de digitalización industrial (Industria 4.0)**.

La expansión de la computación en la nube, el análisis de grandes volúmenes de datos (Big Data) y la automatización de procesos robóticos están redefiniendo la estructura productiva en todos los sectores. Las habilidades técnicas deben ir acompañadas de pensamiento crítico, ética digital y capacidad de trabajo en entornos colaborativos y multiculturales.

7. **Construcción, industria y energías**

La construcción vive una etapa de modernización basada en la **eficiencia energética, la arquitectura sostenible y el uso de nuevos materiales inteligentes**. Se demandan técnicos en rehabilitación de edificios, instaladores de energías renovables, operarios de maquinaria avanzada, delineantes digitales (BIM) y especialistas en seguridad laboral.

En el ámbito industrial, la **Industria 4.0** ha incorporado la robótica, la impresión 3D, la automatización y la gestión digital de procesos. Esto genera oportunidades para mecánicos y técnicos en mantenimiento industrial, soldadores especializados en automatización, electromecánicos de precisión, ingenieros de diseño asistido por ordenador (CAD-CAM) y técnicos de control de calidad.

Las **energías renovables**, especialmente la solar, la eólica y el hidrógeno verde, son hoy un motor de empleo, con fuerte demanda de instaladores, mantenedores y técnicos en eficiencia energética.

8. Agricultura, alimentación y bioeconomía

El sector agroalimentario, tradicionalmente estable, ha experimentado una modernización tecnológica y una orientación hacia la sostenibilidad. Se necesitan agro ingenieros, técnicos en agricultura de precisión, especialistas en regadío inteligente, biotecnólogos agrícolas, enólogos, dietistas-nutricionistas, técnicos en trazabilidad alimentaria y gestores de producción sostenible. El auge de los cultivos ecológicos, la acuicultura responsable, la producción de alimentos funcionales y la transformación digital del campo (agrotech) abre nuevas oportunidades en el medio rural y fomenta el relevo generacional.

9. Artesanía, cultura y nuevas economías creativas

Aunque la digitalización domina muchos sectores, las profesiones artesanales, culturales y artísticas se están revalorizando como expresión de sostenibilidad y autenticidad. La artesanía contemporánea combina tradición con innovación: ceramistas, joyeros, vidrieros, restauradores y diseñadores textiles aplican técnicas sostenibles y materiales reciclados. Paralelamente, las industrias culturales y creativas -cine, diseño gráfico, moda, videojuegos, producción audiovisual y contenidos digitales- continúan generando empleo joven e impulsando la exportación cultural.

Las profesiones con mejores perspectivas de empleo en 2025 son aquellas que integran la tecnología, la sostenibilidad y el factor humano. Los perfiles híbridos - capaces de moverse entre lo técnico y lo social, entre lo digital y lo emocional- son los más valorados.

En este nuevo contexto, las competencias más apreciadas por las empresas incluyen la capacidad de aprendizaje continuo, la adaptabilidad, la comunicación efectiva, la resolución de problemas, el trabajo en equipo y la orientación a resultados sostenibles.

En definitiva, la inserción laboral en la actualidad depende menos del sector en sí y más de la capacidad de cada persona para conectarse con las nuevas demandas sociales y tecnológicas, aprender de manera permanente y contribuir activamente a un modelo de desarrollo más humano, digital y sostenible.

1.3. Dónde Encontrar Información sobre las Nuevas Áreas de Actividad y Profesiones con Mejores Perspectivas de Empleo (2025)

El acceso a información actualizada sobre el mercado laboral es hoy una competencia profesional en sí misma. En un entorno tan cambiante como el actual, conocer las tendencias del empleo, las nuevas profesiones y las oportunidades de formación y desarrollo se ha convertido en un requisito esencial para planificar la carrera profesional y anticiparse a los cambios del mercado.

La información sobre las áreas de actividad con mayor proyección se puede obtener a través de **fuentes oficiales, plataformas digitales de empleo, observatorios de mercado laboral y redes profesionales especializadas**. Estos canales permiten conocer qué sectores están creciendo, qué perfiles se demandan y qué competencias requieren las empresas.

1. **Portales y observatorios institucionales**

   Las principales instituciones públicas y europeas ofrecen estudios periódicos, informes y estadísticas sobre las tendencias laborales. Entre ellas destacan:

   - ⇨ **SEPE (Servicio Público de Empleo Estatal):** a través de su portal www.sepe.es publica informes sobre ocupaciones con mayor inserción, estudios de prospección del mercado laboral y guías de formación vinculadas a certificados de profesionalidad.

- **Observatorio de las Ocupaciones:** dependiente del SEPE, analiza de manera continua la evolución de los sectores productivos y publica informes por comunidades autónomas, provincias y ramas de actividad.
- **Ministerio de Trabajo y Economía Social:** ofrece información actualizada sobre políticas de empleo, igualdad laboral, emprendimiento y economía social.
- **Red EURES (European Employment Services):** es la red europea de movilidad laboral, que permite conocer ofertas de trabajo en toda la Unión Europea, información sobre condiciones laborales y sectores emergentes por país. Portal: https://ec.europa.eu/eures.
- **Eurofound y CEDEFOP (Unión Europea):** estos organismos elaboran estudios sobre las competencias del futuro, la digitalización, el aprendizaje permanente y las nuevas formas de empleo en Europa.
- **Instituto Nacional de Estadística (INE) y Eurostat:** ofrecen datos fiables sobre empleo, desempleo y evolución de sectores económicos, fundamentales para detectar oportunidades reales de inserción.

2. Plataformas digitales de empleo y redes profesionales

Los portales de empleo han evolucionado hasta convertirse en auténticos observatorios del mercado laboral. A través de ellos es posible identificar qué profesiones están en crecimiento, comparar salarios, descubrir habilidades más demandadas o participar en comunidades profesionales.

Las plataformas más utilizadas en España y Europa son:

- **InfoJobs, Indeed, LinkedIn y Glassdoor**, que ofrecen estadísticas sobre demanda de empleo, tendencias salariales y competencias clave por sector.
- **JobandTalent y CornerJob**, orientadas a trabajos temporales, de servicios o de alta rotación, que permiten observar la evolución de perfiles prácticos y operativos.
- **Tecnoempleo, Domestika, Infoempleo y Talentoteca**, especializadas en tecnología, comunicación, diseño y primeros empleos para titulados.

- ⇨ **LinkedIn, además de ser red social profesional, actúa como fuente estratégica de información laboral:** permite seguir empresas, observar qué perfiles contratan, qué competencias valoran y qué formaciones impulsan.

3. **Agencias de desarrollo y servicios de orientación profesional**

Las agencias de desarrollo local, los servicios de empleo autonómicos y los centros de orientación profesional (como los CIOP, COIE o los Puntos de Autoempleo) ofrecen asesoramiento personalizado sobre las profesiones emergentes en cada territorio.

En Cataluña, el Servei Públic d'Ocupació de Catalunya (SOC) mantiene actualizado un catálogo de ocupaciones con proyección futura, mientras que en Andalucía, el Servicio Andaluz de Empleo (SAE) dispone de un observatorio con estudios sectoriales. Todas las comunidades autónomas cuentan con plataformas equivalentes donde consultar itinerarios formativos y oportunidades laborales adaptadas a su tejido productivo.

Asimismo, los centros de formación profesional y las universidades suelen ofrecer servicios de orientación e inserción laboral (como los COIE universitarios) con datos propios sobre las tasas de empleabilidad de sus titulaciones y los sectores donde más se contrata.

4. **Organismos sectoriales y asociaciones profesionales**

Cada sector dispone de observatorios específicos que analizan la evolución de las profesiones y las competencias requeridas. Algunos ejemplos son:

- ⇨ **Observatorio de la Formación Profesional para el Empleo** del Ministerio de Educación y Formación Profesional, que identifica los perfiles más demandados en FP.
- ⇨ **Fundación Estatal para la Formación en el Empleo (FUNDAE)**, que ofrece informes sobre competencias digitales y programas formativos emergentes.
- ⇨ **Forética y Red Española del Pacto Mundial**, que publican estudios sobre empleo verde, sostenibilidad y responsabilidad social empresarial.

- ⇨ **Hostelería de España, CEHAT o Confederación Española de Comercio**, que elaboran análisis sobre tendencias en turismo, restauración y distribución.
- ⇨ **Colegio Oficial de Ingenieros Técnicos de Telecomunicaciones, Consejo General de Colegios de Médicos o Asociación Española de directores de Recursos Humanos**, entre otros, que difunden informes sectoriales sobre nuevas oportunidades y formación específica.

5. Empleo verde, digital y social

En los últimos años han surgido portales especializados en sectores en expansión:

- ⇨ **Empleaverde.es** (Fundación Biodiversidad) recopila oportunidades laborales relacionadas con sostenibilidad, economía circular, energías renovables o gestión de residuos.
- ⇨ **DigitalES** (asociación tecnológica española) y **SpainTech** ofrecen estudios sobre empleos digitales, ciberseguridad, inteligencia artificial y programación.
- ⇨ **Plataformas de innovación social** como **La Bolsa Social o Ashoka España** visibilizan proyectos que generan impacto social y oportunidades de empleo en emprendimientos sostenibles o cooperativos.

6. Medios de comunicación y observatorios independientes

Los medios especializados en economía y empleo -como El Economista, Expansión, Cinco Días o Forbes España- publican regularmente listados de las profesiones con mayor futuro y artículos de análisis sobre tendencias laborales. Por su parte, los **informes anuales de consultoras de recursos humanos** (Randstad, Adecco, Manpower, Infoempleo o Hays) ofrecen una visión práctica sobre los perfiles más buscados y las expectativas salariales en España y Europa.

7. Redes de aprendizaje y formación continua

Finalmente, para mantenerse al día sobre las nuevas áreas profesionales, es fundamental participar en entornos de aprendizaje abierto Plataformas como **Coursera, edX, Google Actívate, LinkedIn Learning o Formación FUNDAE** permiten acceder a cursos gratuitos o certificados sobre competencias digitales, sostenibilidad, gestión empresarial, idiomas o comunicación, áreas imprescindibles para la inserción laboral moderna.

2. Desarrollo de Estrategias Personales Propias para la Búsqueda de Trabajo

Buscar empleo en el contexto actual exige mucho más que enviar un currículum o responder a ofertas. En una economía global, digitalizada y en constante cambio, la estrategia personal se ha convertido en una herramienta esencial para orientar la carrera profesional, adaptarse a los nuevos entornos y destacar en un mercado cada vez más competitivo.

El primer paso para diseñar una estrategia eficaz es el **autoconocimiento**. Antes de proyectarse hacia el exterior, es necesario mirar hacia dentro: identificar quiénes somos, qué sabemos hacer, qué nos motiva y qué valor podemos aportar a una organización o a un proyecto. Conocerse bien es la base sobre la que se construye una trayectoria profesional coherente y satisfactoria.

El **autoconocimiento** implica reflexionar sobre nuestras características personales y profesionales, sobre nuestras fortalezas y debilidades, nuestras actitudes, hábitos y logros. Este análisis nos permite definir objetivos realistas, diseñar un plan de acción y comunicar con autenticidad nuestras competencias al mercado laboral.

Entre los aspectos fundamentales que conviene analizar destacan los siguientes:

- ⇨ **Actitudes:** son los patrones de comportamiento que orientan nuestra forma de afrontar el trabajo y las relaciones profesionales. Incluyen la motivación, la perseverancia, la empatía, la capacidad de adaptación y la disposición al aprendizaje. Una actitud positiva ante los retos y los cambios es uno de los rasgos más valorados por las empresas, especialmente en entornos donde la incertidumbre es la norma.

- ⇨ **Aptitudes:** se refieren a las capacidades naturales o adquiridas para desarrollar una determinada tarea, ya sea técnica, intelectual o social. Algunas son innatas -como la facilidad para la comunicación o el razonamiento lógico-, pero la mayoría pueden desarrollarse mediante la formación y la práctica. En el mercado actual, las aptitudes digitales, lingüísticas y analíticas se han vuelto imprescindibles en prácticamente todos los sectores.
- ⇨ **Fortalezas y debilidades:** reconocer los puntos fuertes y los aspectos que necesitamos mejorar es clave para tomar decisiones profesionales adecuadas. Las fortalezas constituyen nuestra ventaja competitiva, aquello que nos diferencia; las debilidades, por su parte, no deben ocultarse, sino afrontarse con una actitud de mejora continua. La capacidad de autoevaluarse y aprender de los errores refleja madurez y profesionalidad.
- ⇨ **Hábitos:** son los comportamientos que repetimos de manera automática en el día a día. En el ámbito laboral, los hábitos influyen directamente en la productividad, la puntualidad, la capacidad de concentración o la gestión del tiempo. Desarrollar rutinas saludables -como la organización diaria, el descanso adecuado o la actualización constante de conocimientos- es fundamental para mantener el rendimiento y la motivación.
- ⇨ **Logros:** hacer un inventario de los hitos personales y profesionales conseguidos a lo largo del tiempo ayuda a reforzar la autoestima y a visualizar el progreso. Los logros no se limitan a los reconocimientos o ascensos; también incluyen aprendizajes significativos, superación de dificultades, participación en proyectos o mejora de habilidades. Saber comunicar esos logros en una entrevista o en el currículum de forma concreta y medible genera credibilidad y confianza.

2.1. Del autoconocimiento a la estrategia

Una vez analizados estos aspectos, el siguiente paso es **definir un propósito profesional**. No se trata solo de encontrar un empleo, sino de descubrir qué tipo de trabajo encaja con nuestros valores, intereses y estilo de vida. Tener claridad sobre nuestras metas facilita orientar la búsqueda hacia sectores y empresas afines, elegir la formación más adecuada y proyectar una imagen profesional coherente.

El **autoconocimiento** también permite desarrollar la **marca personal**, es decir, la huella que dejamos en el entorno profesional. En un mercado donde la visibilidad es determinante, aprender a comunicar quiénes somos y qué nos distingue -a través del currículum, la carta de presentación, las redes sociales o una entrevista- es tan importante como la propia preparación técnica.

Diseñar una **estrategia personal de búsqueda de empleo** implica:

1. Definir un objetivo claro y alcanzable (el tipo de puesto, el sector o la empresa deseada).
2. Identificar los medios para alcanzarlo (formación, contactos, redes profesionales, portales de empleo, ferias, etc.).
3. Evaluar los recursos disponibles y las áreas de mejora.
4. Establecer un plan de acción con plazos realistas y seguimiento constante.

El éxito en la búsqueda de empleo no depende únicamente de la suerte o de las oportunidades externas, sino de la **capacidad de planificar, perseverar y adaptarse**. Las personas que se conocen bien, que actualizan sus competencias y que gestionan activamente su desarrollo profesional tienen muchas más probabilidades de acceder a un empleo acorde con su potencial y sus aspiraciones.

CUADRO DE ACTITUDES

ENUNCIADO	SÍ	NO	NO LO SÉ
Prefiero trabajar por objetivos	☐	☐	☐
Otorgo máyor importancia al traba que a m ni familia	☐	☐	☐
Tengo un compromiso ético - moral con un colectivo o idea	☐	☐	☐
Me atrae más el dinero que el tipo de trabajo que desempeñe	☐	☐	☐
Mis ideas condicionan mi concepci-on sobre los demás y mis relacion-es con ellos	☐	☐	☐
Necesito la compañia y la consider-ación de mis colegas/jefes de trabao	☐	☐	☐
Valoro la seguridad y estabilidad por encima de otras consideracio-nes	☐	☐	☐
Planteo la movilidad y el cambio como instrumentos para mi enriqu-ecimiento	☐	☐	☐
Acepto retos en grupo	☐	☐	☐
Me gusta tener poder de decisión en mi trabajo	☐	☐	☐
Soy entusiasta en lo que realizo	☐	☐	☐
Me gusta aceptar responsabilidades y doy la cara cuando tengo que darla	☐	☐	☐

CUADRO DE APTITUDES

ENUNCIADO	SÍ	NO	NO LOSÉ
Comprension de textos	☐	☐	☐
Escritura	☐	☐	☐
Presentación oral	☐	☐	☐
Identificación de problemas	☐	☐	☐
Nuevas aproximaciones a problemas	☐	☐	☐
Facilidad para investigar	☐	☐	☐
Realizacion de Estudios	☐	☐	☐
Capacidad de liderazgo	☐	☐	☐
Trabajo en equipo	☐	☐	☐
Capacidad de persuasión	☐	☐	☐
Capacidad de venta	☐	☐	☐
Planificación de tareas	☐	☐	☐
Organización etectiva del Tiempo	☐	☐	☐
Trabajo Individual	☐	☐	☐
Seguimiento de instrucciones	☐	☐	☐
Provectos a largo plazo	☐	☐	☐

CUADRO DE HÁBITOS/DISPOSICIÓN			
	SI	NO	NO LO SÉ
Movilidad geográfica			
Disponibilidad a viajar			
Condicionantes afectivos			
Otros condicionantes (salud...)			
Preferencia horario estricto			
Preferencia horario flexible			
¿Trabajas más de 8 horas diarias?			
Disponibiiidad a renunciar a otras actividades			
Continuar la formación			
Consideras Importante el ambiente de trabajo			
Asumir responsabilidades			
Preferencia por un entorno competitivo			
Preferencia de un trabajo de análisis			
Vivir solo			

2.2. Reflexión sobre la Formación, la Experiencia y el Análisis Personal (DAFO)

Una parte esencial en el proceso de búsqueda de empleo consiste en realizar un ejercicio de **reflexión profunda sobre la propia formación, las competencias adquiridas y la experiencia acumulada**. Este análisis permite entender qué podemos aportar al mercado laboral y en qué aspectos debemos seguir creciendo.

La **formación académica** constituye la base sobre la que se construye la trayectoria profesional, pero hoy ya no es suficiente por sí sola. En un mercado laboral dinámico y cambiante, los conocimientos deben renovarse constantemente para no quedar obsoletos. Es importante analizar qué títulos, cursos, certificaciones o aprendizajes informales suponen un valor añadido respecto al tipo de empleo que se busca. Los **idiomas y las competencias digitales** son, en este sentido, factores diferenciales: el dominio del inglés o de otras lenguas, junto con el manejo de herramientas tecnológicas, plataformas colaborativas y software de productividad, amplía de forma significativa las posibilidades de inserción y promoción profesional.

No obstante, la formación no se limita a los estudios reglados. Los cursos breves, los programas de especialización, la participación en talleres, seminarios o actividades de voluntariado también aportan valor, especialmente si han contribuido al desarrollo de habilidades sociales, organizativas o comunicativas. La combinación de formación técnica con habilidades transversales -como la empatía, la gestión del tiempo o la resolución de problemas- constituye el perfil más equilibrado y buscado por las empresas.

Por otro lado, la **experiencia laboral** representa una fuente de aprendizaje insustituible. No se trata únicamente de enumerar los puestos desempeñados, sino de identificar qué se ha aprendido en cada etapa: qué competencias se han desarrollado, qué retos se han superado y cómo esas experiencias han contribuido al crecimiento personal y profesional.

Cada empleo, incluso aquellos que no han sido plenamente satisfactorios, deja aprendizajes útiles. Las experiencias pasadas enseñan a gestionar responsabilidades, trabajar en equipo, adaptarse a distintos entornos y, sobre todo, a comprender qué tipo de trabajo encaja mejor con nuestras expectativas y valores.

Una buena práctica consiste en **traducir la experiencia en competencias**, es decir, transformar las tareas realizadas en habilidades concretas y transferibles: liderazgo, atención al cliente, gestión de proyectos, manejo de herramientas digitales o capacidad de análisis. De esta forma, cualquier candidato puede comunicar su valor profesional de manera clara y convincente durante un proceso de selección.

2.3. El Análisis DAFO Personal

Para ordenar toda esta información de forma clara y útil, una herramienta muy eficaz es el **análisis DAFO** (Debilidades, Amenazas, Fortalezas y Oportunidades). Se trata de un método de autodiagnóstico que permite observar nuestra situación personal y profesional desde una doble perspectiva: la interna (quién soy, qué puedo mejorar) y la externa (qué ofrece el mercado, qué riesgos existen).

- ⇨ **Fortalezas:** son los puntos fuertes personales o profesionales que nos distinguen y aportan valor. Pueden ser conocimientos técnicos, competencias sociales, logros académicos, experiencia en un sector concreto, dominio de idiomas, habilidades digitales, capacidad de liderazgo o actitud proactiva. Identificar las fortalezas permite enfocarse en ellas y potenciarlas.

- ⇨ **Debilidades:** son aquellos aspectos que limitan o dificultan el acceso al empleo, como la falta de experiencia en un área específica, la escasa formación complementaria o la inseguridad al comunicarse. Reconocerlas no debe generar frustración, sino orientar el esfuerzo hacia la mejora continua. La autocrítica constructiva es una de las mejores aliadas del crecimiento profesional.

- ⇨ **Oportunidades:** representan los factores externos que pueden beneficiarnos. Pueden provenir de la evolución tecnológica, de los nuevos yacimientos de empleo, de los cambios en la legislación laboral, de la digitalización o del auge de determinados sectores (como la sostenibilidad, la salud o la economía digital). Detectarlas permite orientar la búsqueda hacia los campos con mayor proyección.

- **Amenazas:** son los elementos del entorno que pueden obstaculizar el desarrollo profesional, como la alta competencia en el mercado, la automatización de ciertos empleos o las crisis económicas. Identificarlas ayuda a anticiparse y planificar estrategias de adaptación, por ejemplo, reforzando la formación o diversificando las opciones laborales.

2.4. Perfil Personal y Profesional

La siguiente plantilla te ayudará a definir tu perfil personal y profesional.

PERFIL PERSONAL Y PROFESIONAL	1	2	3	4	5
1.- Aspectos Personales. Sueles causar buena impresión a los demás con tu aspecto personal					
2.- Habilidades de Comunicación. Te resulta fácil relacionarte con los demás. Tienes suficientes dotes de persuasión para vender tus ideas. Te consideras un buen negociador.					
3.- Estabilidad Emocional. Controlas tus emociones. Tu humor es estable. Te consideras capaz de superar adecuadamente la frustración. Tienes confianza en ti mismo.					
4.- Responsabilidad. Te gusta asumir responsabilidades. Te entregas de lleno a tu trabajo. No necesitas que te controlen continuamente.					
5.- Dinamismo. Te gusta estar ocupado. Te cuesta tener que viajar y pasar noches fuera de casa. Te sientes más cómodo en trabajos que no requieran mucha actividad.					
6.- Iniciativa y Creatividad. Realizas siempre tu trabajo sin plantearte nunca que puede mejorar su realización. Te gusta perfeccionar tu trabajo y buscar nuevas soluciones a los problemas planteados. Prefieres plantearte nuevos retos a que te den todo hecho.					
7.- Toma de decisiones. Reflexionas con cuidado antes de tomar una decisión importante. Te paralizas ante los problemas sin saber que hacer. En tu entorno (familia, amistades, trabajo…) suelen ser decisivas tus intervenciones.					
8.- Inteligencia Práctica. Te consideras con capacidad para llevar a cabo proyectos que consideras viables. Sueles distinguir con claridad lo accesorio de lo importante en los temas que se te presentan. Eres capaz de trasmitir tus ideas con claridad a otras personas.					
9.- Experiencia laboral. Conoces las reglas que rigen las relaciones en el trabajo. Crees estar preparado para las exigencias del mercado de trabajo. Conoces las funciones que deberías desarrollar en el supuesto de que ese trabajo que buscas fuera una realidad.					
10.- Capacidad de Organización. Te consideras ordenado. Te gusta organizar actividades.					
11.- Capacidad de Dirección y Trabajo en Equipo. Te consideras capacitado para dirigir un grupo. Prefieres trabajar en equipo más que "a tu aire".					

2.5. Proyecto de Empleo

Antes de iniciar la búsqueda de un trabajo es necesario detenerse a reflexionar sobre qué papel ocupa el empleo en nuestra vida y qué significado tiene para nosotros. El trabajo no solo es una fuente de ingresos, sino también una forma de desarrollo personal, de participación social y de construcción de identidad. Comprender qué valor le damos al empleo -si lo concebimos como una necesidad, una vocación, una oportunidad de crecimiento o un medio de estabilidad- nos ayudará a orientar mejor nuestras decisiones profesionales.

El **proyecto de empleo** es, en esencia, una **planificación consciente y estructurada del camino que se va a seguir para alcanzar un objetivo laboral concreto**. No se trata de actuar por impulsos o de responder a cualquier oferta disponible, sino de definir con claridad qué tipo de trabajo queremos, qué requisitos necesitamos cumplir y qué acciones debemos realizar para conseguirlo.

Para elaborar un proyecto de empleo eficaz, lo primero es **definir el perfil profesional** propio, es decir, identificar las competencias, los intereses, los valores y las aspiraciones personales que conforman nuestra identidad laboral. Este perfil será la brújula que guíe todo el proceso. A partir de ahí, el siguiente paso es **establecer prioridades:** determinar qué empleos o sectores resultan más atractivos o compatibles con nuestras metas, cuáles podrían considerarse una etapa temporal de aprendizaje y qué puestos se ajustan mejor a nuestras circunstancias actuales.

Es recomendable elaborar un **mapa personal de objetivos** que contemple tanto el corto como el medio plazo. Por ejemplo, un empleo temporal puede servir como experiencia o vía de acceso hacia otro puesto más estable o alineado con nuestros intereses. La clave está en mantener la coherencia entre las decisiones inmediatas y el proyecto profesional global.

2.6. Diseñar la Estrategia de Inserción

El acceso al empleo puede plantearse desde dos grandes vías: el **trabajo por cuenta ajena y el trabajo por cuenta propia**.

1. **Trabajo por cuenta ajena:** implica integrarse en una empresa privada o institución pública, participando en sus objetivos y estructuras. En este caso, la estrategia se centra en identificar los sectores con mayor

proyección, adaptar el currículum y la carta de presentación a cada oferta, preparar las entrevistas y desarrollar una red de contactos profesionales. Las plataformas de empleo digitales y las redes sociales como LinkedIn son hoy herramientas imprescindibles para visibilizar nuestro perfil y acceder a procesos de selección de forma rápida y directa.

Además, la formación continua y la actualización en competencias digitales y comunicativas son esenciales para mantener la empleabilidad y poder progresar dentro de la organización.

2. **Trabajo por cuenta propia:** representa una alternativa cada vez más extendida, especialmente entre los jóvenes y los profesionales con iniciativa emprendedora. Supone desarrollar un proyecto personal de autoempleo, ya sea como trabajador autónomo, a través de una cooperativa o participando en una sociedad.

   Esta vía exige identificar una idea de negocio viable, analizar el mercado, elaborar un plan económico y conocer la normativa vigente. Las tecnologías digitales facilitan enormemente este proceso, ya que permiten ofrecer servicios, crear productos o gestionar negocios en línea con una inversión moderada.

   El emprendimiento social y sostenible, orientado a resolver necesidades comunitarias o medioambientales, está adquiriendo un protagonismo creciente, demostrando que el trabajo autónomo puede generar tanto valor económico como impacto social.

2.7. Planificación y Acción

Cualquier proyecto de empleo requiere una **planificación realista**, que incluya metas concretas, recursos disponibles y plazos definidos. Es aconsejable dividir el proceso en fases:

- ⇨ **Fase de preparación:** análisis personal, definición de objetivos y recopilación de información sobre el mercado.
- ⇨ **Fase de búsqueda activa:** elaboración del currículum, uso de portales de empleo, contacto con empresas, participación en ferias y redes profesionales.

⇨ **Fase de adaptación:** evaluación de los resultados obtenidos, corrección de errores y actualización del plan de acción.

Durante este proceso, es fundamental mantener una actitud proactiva y flexible. Las oportunidades no siempre surgen de inmediato, y en muchos casos el camino hacia el empleo deseado implica experimentar, adquirir experiencia en distintos puestos o sectores y aprender de cada etapa.

2.8. El Proyecto de Empleo como Proyecto de Vida

El empleo no puede entenderse de forma aislada. Está estrechamente vinculado a otras dimensiones de la vida: la familia, el tiempo libre, la salud, la educación o la participación social. Por ello, el proyecto de empleo debe armonizar con los valores personales y con el tipo de vida que se desea construir. Buscar trabajo no es solo conseguir un puesto, sino diseñar una trayectoria que nos permita crecer, aprender y contribuir de manera significativa al entorno.

Planificar la carrera profesional con una visión integral -que contemple tanto el desarrollo económico como el bienestar personal y social- es la mejor garantía para lograr una inserción laboral duradera y satisfactoria.

En definitiva, **el proyecto de empleo es un compromiso con uno mismo**: implica decidir hacia dónde se quiere ir, cómo se pretende llegar y qué pasos se está dispuesto a dar para conseguirlo. En un mercado laboral en constante transformación, quienes definen sus metas, planifican su ruta y se preparan para adaptarse a los cambios son quienes logran avanzar con éxito hacia su objetivo profesional.

2.9. Proyecto de Empresa

Una vez que nos conocemos a fondo -nuestras competencias, intereses, fortalezas y áreas de mejora- es momento de proyectar ese conocimiento hacia la acción. El **proyecto de empresa** representa la culminación del proceso de autoconocimiento y planificación profesional: es el paso en el que transformamos las ideas en decisiones concretas, y las decisiones en oportunidades reales de empleo o emprendimiento.

El primer interrogante que debemos plantearnos es: **¿qué quiero hacer y en qué soy capaz de trabajar?**. Responder a esta pregunta requiere honestidad, análisis y una visión clara de nuestras capacidades. Saber cuál es nuestro trabajo ideal nos permite definir metas realistas, pero también reconocer qué competencias o recursos nos faltan para alcanzarlo. De este modo, evitamos malgastar tiempo, esfuerzo o dinero en objetivos poco adecuados y prevenimos la frustración que puede generar la búsqueda sin dirección.

El **proyecto profesional** debe entenderse como un itinerario personal hacia la inserción laboral o el autoempleo. Es el resultado de comparar nuestro perfil con las necesidades del mercado, de identificar las oportunidades más viables y de planificar los pasos necesarios para alcanzarlas. Este proceso exige reflexión, constancia y una mente abierta para adaptarse a los cambios que puedan surgir en el camino.

Aunque es importante tener metas concretas, conviene **mantener una visión flexible y amplia del mercado laboral**. Un proyecto demasiado limitado puede reducir las posibilidades de inserción. Por eso, además del trabajo ideal, debemos contemplar opciones complementarias o empleos temporales que puedan servir como vía de aprendizaje, puente hacia la estabilidad o fuente de experiencia en el sector.

2.10. Aspectos Clave para Formular el Objetivo Profesional

El objetivo profesional debe formularse a partir de una combinación equilibrada de aspiraciones personales y condiciones reales del mercado. A continuación, se desarrollan los elementos esenciales a considerar:

1. **Formación requerida:** Es fundamental conocer el nivel académico y técnico necesario para desempeñar el puesto o la actividad profesional deseada. Esto incluye tanto titulaciones oficiales (FP, grados, másteres) como conocimientos específicos, certificados de profesionalidad o competencias digitales. En la actualidad, la formación continua es el eje del desarrollo profesional: quien no se actualiza, se queda atrás. Las microcredenciales, la formación online y los programas de especialización ofrecen hoy vías ágiles para adquirir las habilidades más demandadas.

2. **Habilidades necesarias:** Más allá de los conocimientos teóricos, las empresas valoran la capacidad de aplicar lo aprendido en contextos reales. Las llamadas competencias blandas (soft skills) -como la comunicación, el liderazgo, la gestión del tiempo o la resolución de conflictos- resultan tan importantes como las habilidades técnicas. Saber coordinar equipos, tomar decisiones o negociar acuerdos son cualidades determinantes para el éxito profesional.

3. **Experiencia profesional:** La experiencia sigue siendo uno de los factores más influyentes en la contratación. Si todavía no se dispone de ella, es recomendable buscar oportunidades que permitan adquirirla: prácticas, voluntariado, formación dual, proyectos colaborativos o emprendimientos propios. Cada experiencia cuenta si aporta conocimiento, madurez y visión del sector. Recordemos que la experiencia no solo se mide en años, sino también en aprendizajes.

4. **Estilo personal y valores profesionales:** El modo de relacionarnos con el trabajo dice tanto de nosotros como las competencias técnicas. La responsabilidad, la honestidad, la empatía, la capacidad de escuchar o el compromiso con la calidad son rasgos que configuran el estilo personal. Además, en la actualidad las empresas buscan perfiles que compartan valores con su cultura organizativa: sostenibilidad, igualdad, innovación o compromiso social. Saber comunicar nuestros valores profesionales refuerza la coherencia del proyecto.

5. **Retribución y expectativas económicas:** Es natural aspirar a una remuneración justa, pero al inicio de una trayectoria profesional es aconsejable priorizar la experiencia, la estabilidad y las oportunidades de aprendizaje. Con el tiempo, la formación, la especialización y la calidad del trabajo se traducirán en mejores condiciones económicas. La flexibilidad y la visión a largo plazo son claves en este aspecto.

6. **Ubicación del trabajo:** El mercado actual ofrece múltiples modalidades de desempeño: presencial, híbrido o remoto. Debemos definir dónde estamos dispuestos a trabajar y en qué condiciones. La movilidad geográfica y la disponibilidad para el teletrabajo aumentan las oportunidades de inserción, pero también es importante valorar los factores personales y familiares.

7. **Otras características relevantes:** Antes de tomar una decisión, conviene analizar otros factores que influyen en la viabilidad del proyecto: la situación económica del sector, las perspectivas de crecimiento, la reputación de la empresa o la posibilidad de promoción interna. Igualmente, en el caso del autoempleo, es esencial estudiar el mercado, la competencia, los recursos necesarios y los canales de financiación disponibles.

2.11. Definición del Objetivo Profesional

Una vez valorados estos aspectos, es posible formular un objetivo profesional claro y concreto, que actúe como guía de acción. Este objetivo debe responder a tres preguntas esenciales:

- ⇨ ¿Qué quiero hacer? (tipo de empleo o actividad).
- ⇨ ¿Dónde quiero hacerlo? (sector, ubicación o entorno).
- ⇨ ¿Cómo voy a lograrlo? (formación, contactos, estrategias de búsqueda).

MI OBJETIVO PROFESIONAL	MI PERFIL	QUÉ ME FALTA
Formación	1.º ____ 2.º ____ 3.º ____	1.º ____ 2.º ____ 3.º ____
Habilidades requerídas	1.º ____ 2.º ____ 3.º ____	1.º ____ 2.º ____ 3.º ____
Experiencia requerída	1.º ____ 2.º ____ 3.º ____	1.º ____ 2.º ____ 3.º ____
Retribución	1.º ____ 2.º ____ 3.º ____	1.º ____ 2.º ____ 3.º ____
Situación del trabajo	1.º ____ 2.º ____ 3.º ____	1.º ____ 2.º ____ 3.º ____
Otras características	1.º ____	1.º ____

Por ejemplo:

“Mi objetivo profesional es incorporarme al sector de la hostelería sostenible, desempeñando funciones de gestión y atención al cliente en un entorno internacional. Para ello, fortaleceré mi nivel de inglés, ampliaré mis conocimientos en marketing turístico y participaré en programas de prácticas en establecimientos comprometidos con la sostenibilidad.”

Un objetivo formulado de este modo orienta las decisiones, facilita la planificación y da sentido a cada paso del proceso.

2.12. Análisis de Medios y Plan de Mejora

Después de definir el objetivo profesional, conviene analizar qué medios se poseen y cuáles es necesario desarrollar. Este análisis puede clasificarse en cuatro grandes ámbitos:

- ⇨ **Formación:** identificar los conocimientos o titulaciones adicionales necesarios para acceder al puesto.
- ⇨ **Capacidades y habilidades:** evaluar si se poseen las destrezas técnicas y sociales requeridas.
- ⇨ **Experiencia:** determinar si es suficiente o si conviene adquirir más mediante prácticas, voluntariado o proyectos.
- ⇨ **Recursos personales y temporales:** valorar el tiempo, la disponibilidad, los contactos y las herramientas que pueden facilitar la consecución del objetivo.

A partir de esta evaluación se puede elaborar un **plan de mejora personal,** que establezca pasos concretos para cubrir las carencias detectadas: cursos específicos, participación en proyectos, ampliación de la red profesional o búsqueda de mentores.

El proyecto de empresa no es un documento cerrado, sino un proceso dinámico que evoluciona con la persona y con el entorno. Su finalidad no es solo encontrar un empleo, sino **construir una carrera profesional coherente, sostenible y adaptada a los valores personales.**

En un mercado laboral donde el cambio es constante, el éxito depende de la planificación, la resiliencia y la capacidad de aprendizaje continuo. Quien sabe qué quiere, conoce sus recursos y se prepara para mejorar cada día, se convierte en el verdadero protagonista de su futuro profesional.

3. Buscar Trabajo con Agenda

La búsqueda de empleo debe entenderse como un trabajo en sí mismo: requiere planificación, constancia, organización y seguimiento. Para alcanzar los objetivos marcados es fundamental contar con una herramienta que permita estructurar el proceso y evaluar los avances. Esa herramienta es la **agenda de búsqueda de empleo**, un instrumento esencial para gestionar de manera ordenada todas las acciones y mantener la motivación a lo largo del camino.

La agenda no se limita a ser un calendario donde anotar citas o entrevistas; es, en realidad, una **guía de trabajo personalizada** que ayuda a distribuir el tiempo, priorizar tareas y registrar los resultados obtenidos. Gracias a ella, se evita la dispersión, se gana en eficacia y se mantiene una visión clara del proceso.

Organizar la búsqueda mediante una agenda permite **establecer rutinas diarias**, fijar metas semanales y revisar los logros alcanzados. En ella pueden anotarse las empresas a las que se ha enviado el currículum, los contactos realizados, las entrevistas concertadas, las fechas de seguimiento, los cursos de formación o las actividades de networking. También sirve para registrar aprendizajes, ideas y reflexiones personales, de modo que se convierta en una herramienta viva, que evoluciona con el propio proceso.

En la actualidad, la agenda puede adoptar diferentes formatos. Algunas personas prefieren la tradicional libreta en papel, que facilita la escritura manual y la personalización; sin embargo, cada vez más profesionales optan por **formatos digitales**, como calendarios electrónicos, hojas de cálculo o aplicaciones específicas que permiten integrar recordatorios automáticos, enlaces a ofertas de empleo o bases de datos de contactos.Herramientas como **Google Calendar, Notion, Trello o Microsoft To Do** resultan especialmente útiles para organizar tareas, clasificar prioridades y recibir alertas de plazos o entrevistas. Además, su uso fomenta competencias digitales altamente valoradas en el mercado laboral actual.

Sea cual sea el formato elegido, lo importante es mantener la constancia. La agenda se convierte en un reflejo de la actitud proactiva de la persona que busca empleo: planificar el día, reservar tiempo para el aprendizaje, actualizar la red profesional, revisar las candidaturas enviadas y dedicar espacios a la reflexión personal. Esta metodología transforma la búsqueda en un proceso ordenado, productivo y medible.

Utilizar una agenda también permite **evaluar la eficacia de las estrategias empleadas**. Revisar periódicamente las acciones realizadas ayuda a detectar qué métodos ofrecen mejores resultados -por ejemplo, qué tipo de ofertas generan más respuestas o qué contactos son más útiles- y a corregir los errores o reforzar las prácticas que funcionan. De este modo, la agenda deja de ser solo un registro y se convierte en una herramienta de análisis y mejora continua.

En definitiva, la agenda de búsqueda de empleo es mucho más que un calendario: es un **planificador estratégico** que traduce los objetivos en acciones concretas y los sueños en resultados alcanzables. Su uso disciplinado no solo incrementa las posibilidades de inserción laboral, sino que desarrolla hábitos de organización y autogestión que serán valiosos a lo largo de toda la vida profesional.

MES:....................

OBJETIVOS:........................

DIAS DE LA SEMANA	CITA	EMPRESA	DIRECCIÓN TÉLEFONO	OBSERVA-CIONES
LUNES				
MARTES				
MIÉRCOLES				
JUEVES				
VIERNES				

4. Canales de Empleo

Buscar empleo en el siglo XXI implica aprovechar una gran diversidad de canales, tanto tradicionales como digitales, que facilitan el contacto entre personas que buscan trabajo y empresas que necesitan talento. La clave está en combinar distintas vías, adaptándolas al perfil profesional, al sector de interés y a los recursos disponibles. Una búsqueda eficaz no depende de un único método, sino del uso inteligente y coordinado de varios.

El primer paso consiste en **conocer los canales existentes** y aprender a utilizarlos de forma estratégica. A continuación, se detallan los más importantes.

1. Portales digitales y redes profesionales

   Los **portales de empleo en línea** se han convertido en la herramienta más utilizada por las empresas para publicar ofertas y gestionar procesos de selección. Plataformas como InfoJobs, Indeed, Infoempleo, LinkedIn, CornerJob, Joband Talen o Glassdoo permiten crear un perfil profesional completo, recibir alertas personalizadas y acceder a miles de oportunidades clasificadas por sector, provincia o nivel de experiencia.

   Además, las **redes sociales profesionales, especialmente LinkedIn**, se han consolidado como un canal esencial para la inserción laboral. No solo sirven para publicar el currículum, sino también para interactuar con empresas, seguir a profesionales referentes, participar en grupos sectoriales y visibilizar la marca personal. Un perfil actualizado y activo en LinkedIn puede generar más oportunidades que cualquier candidatura tradicional.

   Cada vez más compañías utilizan sus propias páginas web o secciones de empleo para reclutar directamente. Por ello, es recomendable seguir de cerca las webs corporativas y activar las alertas automáticas para no perder ninguna convocatoria.

2. Oficinas y servicios públicos de empleo

   Los **servicios públicos de empleo**, tanto a nivel estatal como autonómico, siguen siendo una fuente fundamental de información, orientación y formación.

En España, el **Servicio Público de Empleo Estatal (SEPE)** y las oficinas autonómicas -como el **SOC** en Cataluña, el SAE en Andalucía o el Servef en la Comunidad Valenciana- ofrecen múltiples recursos:

- ⇨ Asesoramiento personalizado sobre salidas profesionales, itinerarios de inserción y orientación laboral.
- ⇨ Formación gratuita en competencias técnicas y digitales, adaptada a las necesidades del mercado.
- ⇨ Tramitación de prestaciones por desempleo y acceso a programas de fomento del empleo.
- ⇨ Participación en talleres, programas de escuelas taller, casas de oficios o empleo público local.

Al inscribirse, se obtiene la **Tarjeta de Demanda de Empleo**, que es el documento que acredita la situación de demandante o de mejora de empleo. Renovarla puntualmente, actualizar los datos personales y aprovechar los cursos de formación disponibles son pasos imprescindibles para mantener una búsqueda activa y efectiva.

3. Agencias de colocación y empresas de selección

Las **agencias de colocación y las empresas de selección de personal** actúan como intermediarias entre los trabajadores y las empresas. Su objetivo es facilitar el ajuste entre los perfiles profesionales y las vacantes disponibles. Estas entidades, que colaboran con el SEPE, operan sin ánimo de lucro y garantizan la igualdad de oportunidades en el acceso al empleo.

Por otro lado, las consultoras de recursos humanos -como Adecco, Randstad, Manpower o Hays- gestionan procesos de selección para empresas privadas, ofreciendo también orientación y formación. Inscribirse en sus bases de datos, actualizar el currículum periódicamente y participar en sus programas de evaluación de competencias puede abrir nuevas oportunidades laborales.

4. Empresas de trabajo temporal (ETT)

   Las **empresas de trabajo temporal (ETT)** desempeñan un papel relevante en la empleabilidad actual, especialmente como puerta de entrada al mercado laboral. Estas entidades contratan directamente al trabajador y lo ceden a las empresas que necesitan cubrir puestos de forma temporal o puntual.

   Aunque los contratos suelen ser de corta duración, las ETT permiten adquirir experiencia, ampliar la red profesional y, en muchos casos, acceder a una incorporación estable posterior. Entre las más conocidas se encuentran **Adecco, Randstad, Grupo Eulen, Synergie, Crit o Iman Temporing**.

5. Servicios integrados y programas de orientación profesional

   Los **Servicios Integrados para el Empleo (SIPE)**, así como los **Centros de Orientación e Información de Empleo (COIE)** en universidades y los centros locales de empleo, ofrecen acompañamiento individualizado a las personas que buscan trabajo. Su función es ayudar a definir el itinerario profesional, mejorar las competencias personales y apoyar la búsqueda activa.

   En estos centros se pueden recibir asesoramiento sobre técnicas de entrevista, redacción de currículum, autoempleo, movilidad internacional o programas europeos como **EURES**, que facilita la búsqueda de trabajo en otros países de la Unión Europea.

   Las universidades y centros de formación profesional también cuentan con **servicios de orientación y bolsas de empleo** que conectan a estudiantes y titulados con empresas mediante prácticas, becas o contratos en formación.

6. Asociaciones empresariales, cámaras y entidades locales

   Las **asociaciones empresariales, las cámaras de comercio y los ayuntamientos** ofrecen programas y servicios de empleo adaptados a las necesidades locales. En muchos municipios existen bolsas de trabajo, viveros de empresas, programas de emprendimiento y espacios de coworkingque fomentan la creación de empleo y el autoempleo.

Las **cámaras de comercio e industria**, además, desarrollan programas de inserción laboral juvenil y asesoramiento para emprendedores, además de impartir cursos especializados en gestión empresarial, marketing o digitalización.

7. Redes personales y contactos profesionales

A menudo, las oportunidades laborales surgen fuera de los canales formales. La **red de contactos personales y profesionales** -también conocida como networking- sigue siendo uno de los medios más eficaces para acceder al empleo. Informar a antiguos compañeros, profesores, familiares o amistades de que se busca trabajo puede generar recomendaciones valiosas.

Participar en **ferias de empleo, congresos, eventos sectoriales, jornadas profesionales o comunidades en línea** permite conocer directamente a empresas y ampliar la red de contactos. En la actualidad, muchas de estas actividades se realizan en formato híbrido, combinando la asistencia presencial con la participación virtual.

8. Empleo público y becas

Las **convocatorias públicas de empleo** continúan siendo una opción atractiva por la estabilidad que ofrecen. Los Boletines Oficiales -tanto el **BOE** como los boletines autonómicos y provinciales- publican semanalmente oposiciones, bolsas de trabajo temporal y becas.Además, el portal empleopublico.gob.es centraliza las convocatorias de todas las administraciones, mientras que las webs de los ministerios y organismos locales publican sus propios procesos selectivos.

En el ámbito europeo, la plataforma **EPSO (European Personnel Selection Office)** gestiona las convocatorias de instituciones y agencias de la Unión Europea.

9. Medios de comunicación y publicaciones especializadas

Los medios digitales y la prensa económica también son una fuente útil de información. Portales como Expansión, El Economista, Cinco Días o Forbes España publican regularmente secciones de empleo, artículos sobre profesiones emergentes y análisis de mercado laboral.

Asimismo, existen **revistas y blogs especializados** en recursos humanos, emprendimiento y transformación digital que ayudan a conocer las tendencias de contratación y las competencias más demandadas.

10. Consejos para un uso eficaz de los canales de empleo

- ⇨ Planifica tus acciones y utiliza varios canales a la vez.
- ⇨ Mantén actualizado tu currículum y tu perfil digital.
- ⇨ Personaliza cada candidatura: no envíes el mismo mensaje a todas las ofertas.
- ⇨ Sé constante y registra todas tus gestiones en la agenda de búsqueda.
- ⇨ Investiga las empresas antes de enviar tu solicitud o acudir a una entrevista.
- ⇨ Evalúa los resultados: analiza qué canales te proporcionan mejores oportunidades.

4.1. Búsqueda de Empleo a través de Internet

Internet ha transformado por completo la forma de buscar trabajo. Hoy, prácticamente todos los procesos de selección, desde la publicación de ofertas hasta las entrevistas finales, se desarrollan total o parcialmente en entornos digitales.

Por ello, dominar las herramientas que ofrece la red no es solo una ventaja, sino una necesidad para cualquier persona que aspire a integrarse o avanzar en el mercado laboral.

La **búsqueda de empleo en línea** no consiste únicamente en enviar currículums a través de portales, sino en gestionar una estrategia digital completa que combine visibilidad, actualización de competencias y una presencia profesional coherente.

Las empresas, los reclutadores y los algoritmos de inteligencia artificial se apoyan en la red para identificar talento, y eso significa que la huella digital de cada candidato puede influir tanto como su experiencia o su formación.

4.1.1. Portales de empleo y plataformas digitales

Los **portales de empleo** son el punto de encuentro más utilizado entre candidatos y empresas. Plataformas como **InfoJobs, Indeed, Infoempleo, JobandTalent, CornerJob o Trabajos.com** ofrecen acceso a miles de ofertas actualizadas diariamente y permiten crear un perfil profesional completo con filtros por ubicación, sector, experiencia o tipo de contrato.

Los algoritmos de estas plataformas permiten ajustar las ofertas al perfil del usuario, por lo que mantener la información actualizada -experiencia, formación, idiomas, competencias digitales- resulta fundamental. Además, muchos portales incluyen test de competencias, rankings de empleabilidad y formación complementaria en línea.

A nivel internacional, páginas como **LinkedIn, Glassdoor, Monster, Jooble o Europe Language Jobs** amplían las posibilidades de trabajar en el extranjero o en empresas con estructura global. La red europea EURES también facilita la movilidad profesional dentro de la Unión Europea, ofreciendo asesoramiento y apoyo logístico a quienes buscan empleo fuera de su país.

4.1.2. Redes sociales profesionales y marca personal digital

Entre los canales digitales más influyentes destaca LinkedIn, que ha pasado de ser una simple red de contactos a convertirse en un auténtico motor de búsqueda de talento. Un perfil bien diseñado en esta plataforma actúa como una carta de presentación permanente ante el mundo laboral.

Para aprovechar todo su potencial es importante:

- ⇨ Mantener actualizado el perfil con una fotografía profesional y una descripción clara del objetivo laboral.
- ⇨ Publicar logros, proyectos o aprendizajes que refuercen la experiencia profesional.
- ⇨ Participar en grupos y debates relacionados con el sector para mejorar la visibilidad.
- ⇨ Conectar con empresas, reclutadores y otros profesionales de interés.

La **marca personal digital** es la reputación profesional que construimos en Internet. Cuidar el tono de las publicaciones, participar en comunidades de interés, compartir contenidos de valor y mantener una coherencia entre todas las redes (LinkedIn, Twitter, Instagram o incluso TikTok en el caso de sectores creativos) son estrategias que refuerzan la imagen profesional y aumentan las posibilidades de ser detectado por reclutadores o empresas.

Cada vez más empresas utilizan herramientas de social recruiting, es decir, procesos de selección que analizan la presencia digital de los candidatos. Por eso, gestionar la identidad online de manera consciente es tan importante como preparar una entrevista presencial.

4.1.3. Inteligencia artificial y nuevos procesos de selección

En los últimos años, los sistemas de **inteligencia artificial (IA)** se han incorporado de forma masiva al reclutamiento. Los algoritmos analizan currículums, detectan palabras clave, comparan competencias y hasta realizan entrevistas automatizadas mediante chatbots o videoentrevistas.

Por ello, es recomendable adaptar el currículum al formato digital, utilizando **palabras clave (keywords)** que coincidan con las de la oferta, evitando errores de formato y utilizando lenguaje claro y profesional. Los programas de seguimiento de candidatos **(ATS, Applicant Tracking System)** filtran automáticamente los CV antes de que lleguen al reclutador humano, de modo que la optimización digital del currículum se ha convertido en una competencia técnica en sí misma.

Del mismo modo, muchas empresas realizan las primeras fases del proceso mediante **entrevistas en vídeo o cuestionarios en línea**, por lo que conviene prepararse para comunicar de forma efectiva en entornos digitales, cuidar la iluminación, la expresión corporal y la claridad del discurso.

4.1.4. Networking digital y comunidades profesionales

Las redes sociales no solo sirven para buscar empleo, sino también para **crear oportunidades**. Participar en comunidades profesionales, foros especializados, webinars o eventos virtuales permite conectar con personas del mismo sector y estar al tanto de las últimas tendencias.

En plataformas como **Meetup, Eventbrite o Discord**, se organizan encuentros en línea sobre innovación, sostenibilidad, tecnología o emprendimiento. Asistir (aunque sea virtualmente) a estos espacios no solo amplía la red de contactos, sino que también contribuye al aprendizaje continuo y a la construcción de una identidad profesional activa.

Además, muchos empleos no llegan a publicarse en portales; se cubren a través de **recomendaciones o contactos**. Por eso, cultivar relaciones profesionales, interactuar en redes y compartir conocimiento puede abrir puertas a oportunidades invisibles para los canales tradicionales.

4.1.5. Autoempleo y plataformas de trabajo freelance

Internet también ha impulsado el crecimiento del **autoempleo digital**. Las plataformas de trabajo freelance -como Fiverr, Freelancer, Upwork, Workana o Malt- permiten ofrecer servicios de manera independiente, desde el diseño gráfico o la programación hasta la traducción o la asesoría empresarial.

Estas herramientas posibilitan iniciar una carrera profesional por cuenta propia, desarrollar un portafolio digital y ganar experiencia real, al tiempo que se crean contactos con clientes de todo el mundo. El trabajo autónomo digital se ha convertido en una alternativa sólida para quienes buscan flexibilidad, independencia y oportunidades internacionales.

4.1.6. Formación online y actualización de competencias

La búsqueda de empleo en Internet está estrechamente vinculada al aprendizaje permanente. La red ofrece innumerables recursos gratuitos y de pago para mejorar la empleabilidad. Plataformas como Coursera, Google Actívate, LinkedIn Learning, Udemy o EdX ofrecen cursos sobre competencias digitales, comunicación, liderazgo, idiomas, marketing o sostenibilidad, muchos de ellos con certificaciones reconocidas por empresas.

Formarse en línea demuestra iniciativa, curiosidad y compromiso con el propio desarrollo profesional. Además, muchas plataformas permiten integrar los certificados obtenidos en el perfil de LinkedIn o en el currículum digital, aumentando la visibilidad ante los reclutadores.

4.1.7. Consejos para una búsqueda de empleo eficaz en Internet

- ⇨ Define tu objetivo profesional antes de empezar a enviar candidaturas.
- ⇨ Actualiza y personaliza tu currículum para cada oferta.
- ⇨ Crea y cuida tu marca personal en redes sociales.
- ⇨ Utiliza palabras clave y perfiles optimizados para los buscadores de empleo.
- ⇨ Mantén una actitud proactiva: participa en redes, comenta, comparte y conecta.
- ⇨ Aprovecha la formación online para mejorar tus competencias.
- ⇨ Sé constante y organiza tu tiempo con una agenda digital.

4.2. Ofertas de Empleo Público

El **empleo público** sigue siendo una de las opciones más valoradas por quienes buscan estabilidad, desarrollo profesional y compromiso con el servicio a la ciudadanía. En los últimos años, las administraciones públicas han emprendido un proceso de modernización que ha transformado profundamente la manera en que se gestionan las convocatorias, se realizan los procesos de selección y se accede a la información.

Actualmente, la búsqueda de empleo público se realiza principalmente **a través de Internet**, lo que facilita la consulta de convocatorias, la inscripción electrónica y el seguimiento de los procesos. Las ofertas incluyen desde puestos de carácter permanente -funcionarios de carrera- hasta empleos temporales, becas, contratos laborales o interinidades.

4.2.1. Cómo buscar información sobre empleo público

La Administración General del Estado (AGE) publica todas sus convocatorias en el Portal del Empleado Público y en el sitio oficial del Boletín Oficial del Estado (BOE) (www.boe.es), donde diariamente se difunden las nuevas oposiciones, concursos y bolsas de trabajo. Cada convocatoria especifica el número de plazas, los requisitos, el tipo de pruebas, los temarios y los plazos de inscripción.

Además, el portal empleopublico.gob.es centraliza la información de todas las administraciones -estatal, autonómica y local-, ofreciendo buscadores por cuerpo, categoría o titulación. Desde esta plataforma, el candidato puede acceder a los enlaces de inscripción telemática, consultar bases y descargar documentos oficiales.

En el ámbito autonómico, cada comunidad dispone de su propio boletín oficial (como el BOJA en Andalucía, el DOGC en Cataluña o el BOPV en el País Vasco), donde se publican las convocatorias de empleo público autonómico y local. También las diputaciones, los ayuntamientos y las universidades publican sus procesos selectivos en sus sedes electrónicas y tablones digitales de anuncios.

A nivel europeo, las oportunidades laborales en las instituciones de la Unión Europea se difunden a través del Portal EPSO (European Personnel Selection Office) (https://epso.europa.eu), donde se convocan procesos selectivos para la Comisión Europea, el Parlamento Europeo, el Tribunal de Justicia y otros organismos. Por su parte, el portal EURES(https://ec.europa.eu/eures) permite buscar trabajo en cualquiera de los países miembros de la UE, incluyendo tanto empleo público como privado.

4.2.2. Tipos de empleo público

El sector público ofrece una gran variedad de posibilidades laborales según la relación contractual y la naturaleza de las funciones:

- ⇨ **Funcionarios de carrera:** acceden mediante oposición o concurso-oposición y gozan de estabilidad permanente.
- ⇨ **Funcionarios interinos:** ocupan temporalmente una plaza vacante hasta que se cubre por concurso o nueva oposición.
- ⇨ **Personal laboral:** mantiene una relación contractual con la administración (temporal, fijo o por obra y servicio).
- ⇨ **Personal eventual:** vinculado a cargos de confianza o asesoramiento político.

Además, existen programas de becas y prácticas dirigidos a jóvenes titulados, así como **bolsas de empleo temporal** que permiten trabajar en la administración mientras se adquiere experiencia o se prepara una oposición.

El sector público ofrece una gran variedad de posibilidades laborales según la relación contractual y la naturaleza de las funciones:

Funcionarios de carrera

acceden mediante oposición o concurso-oposición y gozan de estabilidad permanente.

Funcionarios interinos

ocupan temporalmente una plaza vacante hasta que se cubre por concurso o nueva oposición.

Personal laboral

mantiene una relación contractual cón la administración (temporal, fijo o por obra y servicio).

Personal eventual

vinculado a cargos de confianza o asesoramiento politico.

4.2.3. Preparación y proceso de oposición

El acceso al empleo público suele realizarse a través de un proceso selectivo que garantiza la igualdad, el mérito y la capacidad de los aspirantes. Dependiendo del cuerpo o categoría, el sistema puede ser:

- ⇨ **Oposición pura**, basada en la superación de una serie de pruebas teóricas o prácticas.
- ⇨ **Concurso-oposición**, que combina exámenes con la valoración de méritos (experiencia, formación, cursos o idiomas).
- ⇨ **Concurso**, en el que la selección se basa exclusivamente en los méritos acreditados.

Las oposiciones se estructuran en distintas fases: inscripción, publicación de listas de admitidos, realización de pruebas (test, temas, casos prácticos, psicotécnicos o entrevistas), publicación de resultados, presentación de documentación y toma de posesión.

Preparar una oposición requiere constancia, planificación y disciplina. La competencia suele ser alta -en algunas categorías se presentan cientos o incluso miles de candidatos-, por lo que es fundamental **organizar un plan de estudio realista y dedicar tiempo de forma regular**. La preparación puede realizarse por cuenta propia, mediante academias especializadas o a distancia a través de plataformas online, cada vez más extendidas.

En los últimos años han surgido **entornos virtuales de preparación** que ofrecen simulacros de examen, test autocorregibles y clases en streaming, lo que facilita compatibilizar la formación con otras obligaciones.

4.2.4. Dónde encontrar apoyo y recursos

Además de los portales oficiales, existen **centros de orientación profesional, servicios de empleo universitarios (COIE) y academias especializadas** que orientan a los aspirantes en todo el proceso: desde la elección de la oposición más adecuada hasta la organización del estudio o la preparación de pruebas psicotécnicas y entrevistas.

El **Ministerio para la Transformación Digital y de la Función Pública** dispone también de programas de asesoramiento sobre la oferta de empleo estatal y de un Centro de Información Administrativa, al que se puede acceder tanto de forma presencial como en línea.

Por su parte, los **sindicatos y asociaciones profesionales** publican resúmenes de convocatorias y proporcionan materiales actualizados, guías del opositor y recursos de apoyo para la preparación.

4.2.5. Claves para afrontar el proceso con éxito

1. **Seleccionar la oposición adecuada:** elegir un cuerpo o escala que encaje con la titulación, los intereses y la disponibilidad personal.
2. **Planificar el estudio:** establecer un calendario y respetar un horario fijo que combine repaso, práctica y descanso.
3. **Buscar apoyo especializado:** recurrir a academias, tutores o grupos de estudio para mantener la motivación.
4. **Cuidar la parte emocional:** la preparación puede ser larga; mantener la constancia y la salud mental es tan importante como el estudio.

5. **Aprovechar la tecnología:** usar aplicaciones de organización, plataformas de test y foros de opositores para optimizar el tiempo y compartir experiencias.

4.2.6. Alternativas y experiencias complementarias

Además de las oposiciones tradicionales, existen **otras vías de acceso al empleo público**, como los contratos laborales temporales, los programas de inserción juvenil (Garantía Juvenil) o los proyectos cofinanciados por el **Fondo Social Europeo**, que ofrecen prácticas, formación y primeras oportunidades en organismos públicos.

También es posible trabajar como **personal interino o sustituto**, lo que permite adquirir experiencia y méritos para futuras convocatorias. Estas bolsas de trabajo se actualizan de manera periódica y se publican en los portales de cada administración.

4.2.7. Reflexión final

Acceder al empleo público requiere esfuerzo, paciencia y una preparación rigurosa, pero sigue siendo una de las opciones más estables y valoradas en el mercado laboral. Más allá de la seguridad económica, trabajar en la Administración significa **participar en la mejora del bienestar colectivo**, prestar servicios esenciales y contribuir al desarrollo del país.

La digitalización, la transparencia y la profesionalización de los procesos selectivos están haciendo que las oportunidades sean más accesibles y equitativas. Con planificación, constancia y apoyo adecuado, el empleo público sigue representando un horizonte sólido para quienes buscan una carrera profesional estable, con proyección y compromiso social.

5. Cómo Ganar la Selección: Currículum Vitae, Carta de Presentación, Entrevistas

5.1. Currículum vitae (CV) en 2025

El CV sigue siendo tu llave de entrada, pero hoy c**ompite en dos frentes**: debe convencer a los **filtros automáticos (ATS)** y, después, a **la mirada humana**. Por eso, importa tanto qué cuentas como cómo lo presentas. La regla general: claridad, relevancia y evidencias.

Un CV eficaz se **adapta a cada oferta**. Comienza por analizar la descripción del puesto, identifica **palabras clave** (competencias, herramientas, certificaciones, sectores) y trasládalas a tu CV de forma natural. Evita gráficos pesados, tablas complejas o columnas que confundan a los lectores automáticos; prioriza un formato limpio (tipografías legibles, encabezados claros, fechas alineadas).

La extensión ideal es **1 página (perfiles junior o de hasta ~10 años) o 2 páginas si la trayectoria lo justifica**. En todos los casos, cada línea debe aportar **valor verificable**: logros medibles (qué hiciste, cómo lo hiciste y qué impacto tuvo).

5.1.1. Estructura recomendada (cronológico inverso)

- ⇨ **Encabezado profesional:** nombre y apellidos, teléfono, email profesional y enlace a tu perfil de LinkedIn/portafolio. No incluyas datos irrelevantes (estado civil, DNI, foto si no aporta; en España la foto es opcional).
- ⇨ **Titular y resumen (3-5 líneas):** quién eres, qué aportas y hacia dónde te diriges. Incluye 1-2 logros cuantificados y palabras clave del puesto.
- ⇨ **Experiencia:** entradas en orden inverso. En cada puesto, 3-5 viñetas con acción + metodología + resultado. Ej.: "Rediseñé el proceso de recepción → apliqué 5S y checklists digitales → -18% errores, +12% satisfacción".
- ⇨ **Formación:** titulación principal, certificaciones relevantes y microcredenciales recientes (especialmente digitales).
- ⇨ **Competencias:** técnicas (herramientas, software, idiomas con nivel real) y transversales (comunicación, liderazgo, orientación a cliente).
- ⇨ **Proyectos/voluntariado (si aportan):** demuestran iniciativa, impacto social y habilidades transferibles.

Estructura del currículum vitae

Encabezado profesional

Nombre, teléfono, email y enlace a LinkedIn. No incluyas datos irrelevantes.

Titular y resumen

Quién eres, qué aportas y hacia dónde te diriges. Incluye logros cuantificados.

Experiencia

Entradas en orden inverso. Viñetas con acción, metodología y resultado.

Formación

Titulación principal, certificaciones relevantes y microcredenciales recientes.

Competencias

Técnicas (herramientas, software, idiomas) y transversales (comunicación, liderazgo).

Proyectos/voluntariado

Demuestran iniciativa, impacto social y habilidades transferibles.

5.1.2. Modelos y cuándo usarlos

- ⇨ **Cronológico inverso:** el estándar más valorado (lectura rápida, evolución clara).
- ⇨ **Combinado (competencias + cronológico breve):** útil si has tenido cambios de sector o alternas proyectos y empleo.
- ⇨ **Funcional puro:** desaconsejado; genera dudas al no mostrar contexto temporal.

5.1.3. Buenas prácticas actuales

- ⇨ **Personaliza el titular** ("Técnico/a de RRHH con especialidad en selección IT y People Analytics").
- ⇨ **Demuestra tu impacto** con métricas (tiempos, costes, ventas, satisfacción, calidad).
- ⇨ **Incluye enlaces** (portafolio, GitHub, Behance, artículos, certificaciones verificables).
- ⇨ **Palabras clave en experiencia y resumen** (no solo en una lista al final).
- ⇨ **Cuida la consistencia** entre CV y LinkedIn (fechas, cargos, logros).

Errores que hoy penalizan: Exagerar o inventar; CV genérico para todo; bloques densos sin cifras; tecnicismos vacíos; faltas de ortografía; plantillas "bonitas" pero incompatibles con ATS; no aportar pruebas (enlaces, certificaciones) cuando el rol lo exige.

5.2. Carta de presentación (Cover Letter)

Lejos de desaparecer, la carta aporta contexto, motivación y encaje. Es tu espacio para conectar tu historia con las necesidades del puesto. Debe ser breve (10-12 líneas), personalizada y con llamada a la acción.

- ♦ **Estructura en tres movimientos**
  - ⇨ **Gancho y encaje:** "Me motiva X de su empresa/oferta porque Y…" (demuestra que investigaste la compañía y su entorno).

- **Prueba de valor:** 2-3 logros alineados con el puesto (cifras, mejoras, premios, certificaciones).
- **Cierre accionable:** disponibilidad, propuesta de conversar y agradecimiento.

- **Cuando usarla**
  - Responder a una oferta (referencia concreta).
  - Autocandidatura (explica por qué ahora y qué problema ayudas a resolver).
  - Tras un contacto de networking (menciona la persona o evento).

Tono y estilo: directo, profesional y positivo. Evita fórmulas vacías ("soy proactivo/a, responsable..."); muestra proactividad con **hechos**.

5.3. Entrevistas (telefónicas, vídeo y presenciales)

La entrevista ya no es un "examen"; es una c**onversación profesional** para comprobar **ajuste, impacto y cultura**. Hoy conviven formatos: **screening telefónico, vídeo (sincrónico o grabado), panel, técnica/caso y conductual.**

- **Preparación estratégica**
  - **Investiga:** productos/servicios, clientes, cifras públicas, valores, noticias recientes.
  - **Mensajes clave:** 3 ideas fuerza sobre tu propuesta de valor (¿qué gana la empresa contigo?).
  - Historias con método STAR (Situación-Tarea-Acción-Resultado) o PAR (Problema-Acción-Resultado) para contestar conductuales ("Cuéntame una vez que...").
  - **Rol-play y métricas:** ensaya respuestas con datos; prepara 5-7 logros medibles.
  - **Entrevista por vídeo:** encuadre a la altura de los ojos, luz frontal, audio claro, fondo neutro; prueba técnica y plan B.

- **Preguntas frecuentes (y enfoque)**
  - **"Háblame de ti"**: conecta tu trayectoria con el rol (no recites el CV).
  - **"Fortalezas y áreas de mejora"**: sinceridad, foco en aprendizajes y planes de mejora.
  - **Conductuales** ("Conflicto en equipo", "Plazo imposible", "Error propio"): responde con STAR, prioriza lo que hiciste y qué cambió.
  - **Motivación/encaje cultural:** vincula valores y manera de trabajar con la empresa.
  - **Salario:** investiga bandas; da **rango razonado** y abre a variable/beneficios si procede.

Preguntas inteligentes para el final Impacto esperado en 6-12 meses; prioridades del área; herramientas y métricas de éxito; cultura de feedback y desarrollo; próximos pasos del proceso.

Después de la entrevista. Envía un **agradecimiento breve** en 24 h: refuerza 1-2 ideas, resuelve una duda y reafirma tu interés.

5.4. Marca personal y huella digital

Tu presencia online **influye**. Mantén **LinkedIn** actualizado y activo (logros, proyectos, certificaciones, recomendaciones). En roles creativos/técnicos, añade portafolio (Behance, GitHub, web). Cuida la coherencia en el resto de redes (lo público habla de ti). Publicar aprendizajes y participar en comunidades aumenta visibilidad y credibilidad.

- **Mini-checklist de última milla**
  - CV: adaptado a la oferta, con logros y palabras clave, enlazado a portafolio/LinkedIn.
  - Carta: personalizada, 3 párrafos, encaje + valor + acción.
  - LinkedIn: titular claro, "Acerca de" con logros, experiencias coherentes, aptitudes avaladas.
  - Entrevista: 5 historias STAR, 3 mensajes de valor, preguntas preparadas, rango salarial pensado.
  - Seguimiento: agradecimiento y registro en tu agenda de búsqueda.

5.5. La Entrevista de Selección

Superar una entrevista de trabajo es uno de los momentos más decisivos en el proceso de inserción laboral. Representa la oportunidad de demostrar, más allá del currículum, quién eres, qué puedes aportar y cómo encajas en la cultura de la empresa. En la actualidad, las entrevistas han evolucionado y pueden desarrollarse de forma presencial, telefónica, por videoconferencia o incluso mediante plataformas automatizadas. Sin embargo, el objetivo sigue siendo el mismo: **evaluar el grado de adecuación entre el perfil profesional del candidato y las necesidades de la organización.**

Llegar a una entrevista es ya un éxito parcial: tu candidatura ha superado los primeros filtros, lo que significa que tu perfil ha despertado interés. A partir de ese punto, la preparación, la serenidad y la actitud serán determinantes.

5.5.1. Preparación previa

Una buena entrevista comienza mucho antes del encuentro con el entrevistador. Prepararse implica investigar sobre la empresa: su historia, misión, valores, productos, clientes, estructura y presencia digital. Hoy, casi toda esta información está disponible en su página web, redes sociales o notas de prensa. Conocer estos datos te permitirá formular respuestas personalizadas y demostrar interés genuino.

También conviene revisar la descripción del puesto al que se aspira. Analiza qué competencias, conocimientos y actitudes se requieren, y prepara ejemplos concretos de tu experiencia que reflejen esas cualidades. Una técnica útil es el método STAR (Situación, Tarea, Acción, Resultado), que ayuda a estructurar las respuestas a preguntas conductuales, como “Cuéntame una ocasión en la que resolviste un problema difícil” o “Cómo gestionas los conflictos en el trabajo”. Además, es recomendable preparar una breve presentación personal -de uno o dos minutos- que resuma tu formación, experiencia, motivación y valor diferencial. Debe ser clara, natural y adaptada al puesto.

5.5.2. El día de la entrevista

La puntualidad y la imagen profesional siguen siendo aspectos clave. Llegar entre cinco y diez minutos antes es suficiente. Vestir de forma adecuada al tipo de empresa proyecta respeto y adaptación: en hostelería, turismo o servicios, por ejemplo, se valora una apariencia cuidada, limpia y sobria.

En las entrevistas presenciales, el saludo debe ser cordial y seguro. Si la reunión es virtual, comprueba previamente la conexión, el sonido y la iluminación. Coloca la cámara a la altura de los ojos y evita distracciones de fondo. La postura debe ser natural, la mirada firme y la expresión relajada; una sonrisa ligera transmite confianza y cercanía.

Durante la conversación, escucha con atención, no interrumpas y evita memorizar respuestas. La autenticidad y la claridad son más efectivas que los discursos preparados. Muestra entusiasmo, interés y actitud proactiva: el entrevistador valorará tanto tu forma de comunicar como tu capacidad para conectar con los valores de la empresa.

5.5.3. Fases de la entrevista

1. **Inicio:** es la fase de presentación y toma de contacto. El entrevistador puede comentar aspectos generales sobre la empresa o intentar romper el hielo. Es el momento de causar una primera impresión positiva: amabilidad, actitud abierta y lenguaje corporal relajado.

2. **Desarrollo:** es el núcleo de la entrevista. Aquí se abordan los temas principales: experiencia, formación, competencias y motivaciones. Los reclutadores buscarán ejemplos de logros, cómo resuelves problemas, tu forma de trabajar en equipo o cómo manejas la presión. En las entrevistas modernas, es habitual que se empleen preguntas por competencias ("Describe una situación en la que tuviste que liderar un grupo", "Cómo te adaptas a los cambios"). También pueden incluirse pruebas prácticas o dinámicas de grupo para evaluar habilidades sociales, liderazgo y comunicación.

3. **Cierre:** en esta última parte, el entrevistador suele ofrecer información adicional sobre el puesto y los siguientes pasos del proceso. Es el momento adecuado para formular preguntas inteligentes: sobre las responsabilidades del cargo, las oportunidades de desarrollo o el equipo de trabajo. Preguntar muestra interés y madurez profesional. Al finalizar, agradece el tiempo dedicado y reafirma tu entusiasmo por la oportunidad.

5.5.4. Tipos de entrevista

- **Individual:** la más común. Permite un intercambio directo y personal entre candidato y reclutador.
- **Grupal o dinámica de grupo:** se utiliza para valorar cómo los candidatos interactúan, cooperan o lideran en equipo ante un problema simulado. Se evalúan la comunicación, la empatía y la capacidad de negociación.
- **Por competencias:** centra la evaluación en comportamientos observables y situaciones reales vividas por el candidato.
- **Técnica:** orientada a comprobar los conocimientos específicos del puesto, mediante pruebas o preguntas situacionales.
- **Telefónica o por videoconferencia:** empleada en fases iniciales para realizar una preselección o reducir tiempos. Requiere la misma preparación que una entrevista presencial, con especial atención al tono de voz y la claridad del mensaje.
- **Entrevista con inteligencia artificial (IA):** cada vez más habitual. El sistema analiza expresiones faciales, tono de voz y contenido de las respuestas. Aunque no haya un entrevistador humano, es importante mostrarse natural y mantener una comunicación estructurada.

5.5.5. Aspectos a evitar y actitudes recomendadas

- **Evita:**
  - Llegar tarde o demasiado pronto.
  - Mostrar nerviosismo excesivo, desinterés o inseguridad.
  - Hablar mal de antiguos empleadores o compañeros.
  - Interrumpir o monopolizar la conversación.
  - Preguntar por salario, vacaciones o beneficios en la primera entrevista (espera a las fases finales).
  - Fingir conocimientos o experiencias que no posees.

- **Recomendado:**
  - ⇨ Preparar ejemplos concretos de tus logros y aprendizajes.
  - ⇨ Mantener una actitud positiva, optimista y realista.
  - ⇨ Cuidar la comunicación no verbal (postura, gestos, contacto visual).
  - ⇨ Agradecer al entrevistador la oportunidad de presentarte.
  - ⇨ Enviar, tras la entrevista, un mensaje de agradecimiento por correo electrónico, mostrando tu interés y disponibilidad. Este gesto refuerza la impresión de profesionalidad y cortesía.

5.5.6. Evaluación posterior

Tras cada entrevista, es útil realizar una **auto-evaluación**. Reflexiona sobre qué preguntas te resultaron más difíciles, cómo gestionaste los nervios y qué podrías mejorar. Esta práctica continua refuerza la seguridad y la preparación para futuras oportunidades.

- Pregúntate:
  - ⇨ ¿Era el puesto coherente con mi perfil y mis objetivos?
  - ⇨ ¿Comuniqué claramente mi valor añadido?
  - ⇨ ¿Escuché y respondí con precisión a lo que se me preguntaba?
  - ⇨ ¿Podría mejorar algún aspecto de mi lenguaje corporal o de mi discurso?

Si no recibes respuesta en el plazo estimado, puedes **realizar un seguimiento** respetuoso por correo o teléfono, mostrando interés y disposición.

La entrevista de selección es mucho más que una evaluación: es un **diálogo entre dos partes que buscan compatibilidad**. El candidato no solo debe demostrar que puede hacer el trabajo, sino también que quiere hacerlo y que encaja con los valores de la organización.

La clave para superar con éxito cualquier entrevista reside en tres pilares: **preparación, autenticidad y actitud positiva**. Quien se prepara a conciencia, comunica con claridad y mantiene la calma y la confianza proyecta profesionalidad, y esa es siempre la mejor carta de presentación.

6. Emprendedores: Plan de Negocio, Montar Empresas, Ayudas al Emprendedor, Capitalización de Prestaciones

6.1. Plan de negocio

El plan de negocio es el documento vivo que convierte una idea en un proyecto viable. No es un simple requisito para pedir financiación: es la guía que orienta decisiones, ordena prioridades, anticipa riesgos y mide resultados. Un buen plan debe ser **claro, breve, verificable y adaptable**; sus hipótesis han de poder ponerse a prueba y actualizarse a medida que se aprende del mercado.

En 2025 conviene combinar dos niveles de profundidad:

1. Un resumen ejecutivo muy sintético (1-2 páginas) que permita a cualquier persona entender la propuesta en minutos, y
2. Un cuerpo ampliado con el análisis de mercado, estrategia comercial, operaciones, equipo, sostenibilidad, riesgos, plan económico-financiero y métricas.

- **Elementos clave, hoy:**
  - **Propuesta de valor y encaje problema-solución**. Qué necesidad real cubres, para quién y por qué tu solución es mejor (más rápida, más barata, más sostenible, más cómoda).
  - **Modelo de negocio**. Cómo generas ingresos (venta, suscripción, comisión, servicio, licencias), estructura de costes, canales de ventas y posventa. Herramientas útiles: Business Model Canvas o Lean Canvas para visualizarlo.
  - **Cliente objetivo y validación temprana**. Segmentos prioritarios, tamaño del mercado, hábitos de compra y “dolores”. Valida con entrevistas, pilotos, preventas, prototipos y MVP (producto mínimo viable). La evidencia de interés real (listas de espera, encuestas accionables, primeras ventas) vale más que la intuición.

- **Estrategia comercial y canales**. Marketing digital (SEO/SEM, redes, contenidos, email, marketplaces), alianzas, prescripción y ventas B2B/B2C. Define embudo (visitas, leads, conversiones), CAC (coste de adquisición) y LTV (valor de vida del cliente).
- **Operaciones y tecnología**. Procesos, proveedores, logística, ciberseguridad, propiedad intelectual/industrial (marca, software, diseño) y datos (cumplimiento RGPD).
- **Equipo**. Roles, experiencia, reparto de responsabilidades y plan de incorporaciones. Los inversores miran tanto la idea como la ejecutabilidad del equipo.
- **Sostenibilidad e impacto (ESG)**. Eficiencia energética, residuos, huella de carbono, igualdad, accesibilidad y buen gobierno. Además de ser lo correcto, abre puertas a clientes e inversión.
- **Plan económico-financiero**. Previsión de ventas, márgenes, gastos, tesorería y punto de equilibrio. Escenarios (conservador/base/ambicioso), y necesidades de caja (runway).
- **Riesgos y mitigaciones.** Regulatorios, de oferta/demanda, de dependencia de proveedores, tecnológicos, de talento y financieros.
- **KPIs y hitos**. Qué vas a medir cada mes (ventas, churn, satisfacción, plazos, calidad) y qué resultados esperas en 3, 6 y 12 meses.

6.1.1. Para qué sirve

En lo interno, da foco, coordina al equipo y reduce la incertidumbre. En lo externo, comunica con bancos, inversores, administraciones, socios y proveedores, mostrando viabilidad y retorno.

6.1.2. Periodo que debe cubrir

Proyecta 12-24 meses con detalle (tesorería mensual el primer año) y una visión a 36 meses para inversión/crecimiento. Actualízalo al menos trimestralmente.

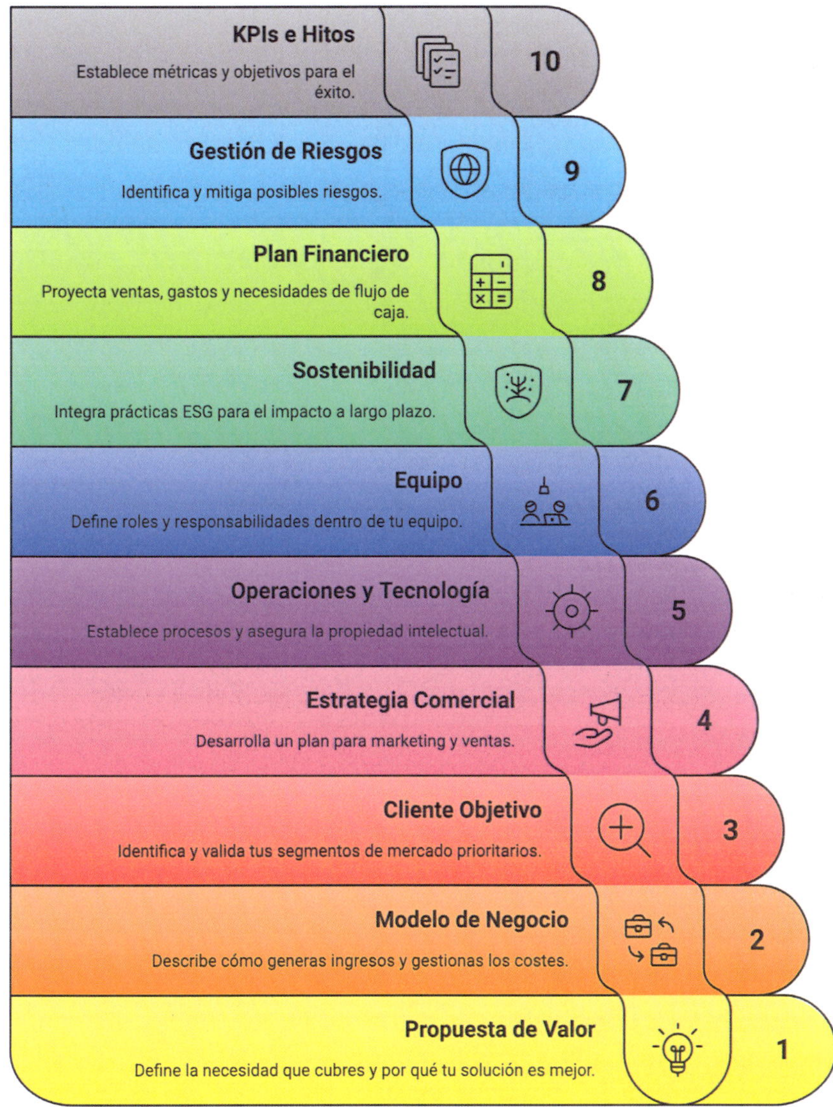

6.2. Montar empresas (de la idea a la puesta en marcha)

6.2.1. Elegir la forma jurídica

La elección afecta a fiscalidad, responsabilidad, costes y trámites. Las más comunes:

- ⇨ Persona autónoma (empresario individual). Sencilla de constituir, control total, tributación en IRPF y alta en RETA. Responsabilidad ilimitada.
- ⇨ Sociedad de Responsabilidad Limitada (SL/SLU). Capital mínimo desde 1 €, responsabilidad limitada al capital, tributación en Impuesto de Sociedades. Adecuada cuando hay varios socios, se busca separar riesgos, crecer o acceder a ciertos contratos.
- ⇨ Cooperativa / Sociedad Laboral. Interesantes para proyectos de economía social, reparto democrático y acceso a líneas y ayudas específicas.
- ⇨ Comunidad de bienes / sociedad civil. Para actividades sencillas entre varias personas; responsabilidad personal solidaria.

6.2.2. Trámites esenciales (en entorno digital)

Hoy la mayor parte pueden hacerse online a través de un Punto PAE o la plataforma CIRCE (DUE):

- ⇨ **Hacienda:** alta censal (036/037), epígrafe de IAE, elección de régimen de IVA/IRPF o IS.
- ⇨ **Seguridad Social:** alta en RETA (autónomos) o inscripción de la empresa y códigos de cuenta si habrá personal contratado.
- ⇨ **Ayuntamiento:** licencia o declaración responsable y, si procede, licencia de obras/actividad sanitaria/ambiental.
- ⇨ **Protección de datos (RGPD):** registro de actividades de tratamiento, bases legales y medidas de seguridad.
- ⇨ Prevención de riesgos laborales y vigilancia de la salud si hay plantilla.
- ⇨ **Propiedad industrial:** marca y nombre comercial (OEPM/EUIPO), y propiedad intelectual (software, diseños, contenidos).
- ⇨ **Otros:** registro sanitario, turística, consumo, transporte, homologaciones, según sector.

6.2.3. Operativa y control

- **Banca** (cuenta empresa, TPV físico/virtual), facturación electrónica y firma digital.
- **Contabilidad y cumplimiento** (IVA, pagos fraccionados, retenciones, libro registro).
- **Contratación:** políticas de igualdad, protocolos frente al acoso, registro salarial, accesibilidad y protección del consumidor cuando aplique.
- **Personas:** selección, contratos, onboarding, objetivos, formación, evaluación y cultura.
- **Tecnología:** ciberseguridad básica (copias, MFA, políticas de acceso), y herramientas de productividad (ERP/CRM ligeros, suites en la nube).

6.3. Financiación y ayudas al emprendedor

No existe una única fuente; suele ser **mixta** y escalonada:

- Fondos propios: ahorro, aportaciones de socios, reinversión.
- Microcréditos (sin aval, con plan de negocio) y líneas bonificadas (p. ej., ICO vía banca).
- ENISA (préstamos participativos para pymes/emprendedores innovadores) y Sodicaciones/Agencias de desarrollo autonómicas.
- Capital semilla / business angels / fondos (si hay potencial de escalado).
- Crowdfunding (recompensa, inversión o préstamo) y crowdlending.
- Subvenciones competitivas para digitalización, innovación, economía circular, igualdad o empleo (convocatorias estatales, autonómicas y locales).
- Programas de aceleración e incubación que combinan mentoría, visibilidad y, a veces, financiación.

Para maximizar opciones, el plan debe mostrar: validación (clientes interesados o ventas iniciales), tracción (crecimiento, métricas), equipo y sostenibilidad (ESG).

6.4. Capitalización de prestaciones (pago único) y compatibilidades

La capitalización del paro o pago único permite utilizar de una sola vez (total o parcialmente) la prestación contributiva pendiente para:

- ⇨ **Autoempleo** como autónomo/a (inversión necesaria para iniciar/ impulsar la actividad).
- ⇨ **Aportación al capital** en una cooperativa o sociedad laboral.
- ⇨ **Financiación de cuotas a la Seguridad Social** (RETA) si se opta por pago mensual en lugar de un único desembolso.

- ♦ En términos prácticos, antes de iniciar la actividad se solicita:
  - ⇨ el pago único para inversión inicial (equipos, licencias, fianzas, marketing, circulante inicial admisible) y/o
  - ⇨ la compatibilidad de la prestación con el alta como autónomo durante un periodo (cobras el paro y te das de alta, con requisitos y plazos).
- ♦ Puntos a tener presentes:
  - ⇨ Debe **solicitarse antes** de comenzar la actividad/alta.
  - ⇨ Se presenta **plan de negocio** y presupuesto.
  - ⇨ El gasto debe ser **justificado** en los conceptos autorizados y en el plazo establecido.
  - ⇨ Existen **incompatibilidades** con determinados contratos o situaciones; conviene revisar condiciones vigentes y calendario.

La capitalización es especialmente útil para a**rranque de liquidez** sin intereses y para **cofinanciar** junto a microcréditos o ayudas locales.

6.5. De la idea al mercado: enfoque "aprender-lanzar-mejorar"

Más allá del papel, los negocios se validan **con clientes**. Una hoja de ruta práctica:

1. **Descubrir:** hablar con clientes potenciales, mapear problemas reales y alternativas que usan hoy.

2. **Definir:** propuesta de valor y modelo de ingresos claros; qué haces distinto y por qué te elegirían.
3. **Prototipar/MVP:** versión mínima que permita aprender rápido (carta corta, landing con reserva, piloto en un barrio, servicio manual con promesa clara).
4. **Vender/Medir:** prueba en pequeño; mide coste de captación, tasa de conversión, margen, satisfacción.
5. **Iterar o pivotar:** si los números no salen, ajusta el producto, el precio, el canal o el segmento.
6. **Estandarizar y financiar:** una vez probada la tracción, sistematiza procesos, documenta métricas y sal a por financiación para escalar.

El objetivo no es tener el plan "perfecto", sino aprender más rápido y más barato que la competencia.

6.6. Checklist rápido del emprendedor (2025)

- ⇨ Idea contrastada con clientes reales y **propuesta de valor** clara.
- ⇨ **Modelo de negocio** probado a pequeña escala (ventas iniciales o pre-pedidos).
- ⇨ **Plan de negocio** breve y actualizado; KPIs y escenario de caja.
- ⇨ **Forma jurídica** elegida y trámites digitalizados (CIRCE/PAE).
- ⇨ Fiscalidad, **RETA/SS**, licencias y **RGPD** en regla.
- ⇨ Marca registrada y acuerdos básicos (socios, proveedores, confidencialidad).
- ⇨ **Plan comercial** omnicanal y sistema de medición (CAC, LTV, NPS).
- ⇨ **Financiación:** propia + microcrédito/ENISA/ayudas; calendario de hitos.
- ⇨ **Sostenibilidad e igualdad** integradas desde el inicio (ESG).
- ⇨ **Agenda de ejecución:** 90 días con tareas, responsables y resultados esperados.

6.7. Empresario individual (trabajador/a autónomo/a)

Concepto y quién puede serlo

Se considera empresario individual a la persona física que, en nombre propio (directamente o mediante representante), realiza de forma habitual una actividad económica por cuenta propia. Pueden serlo:

- ⇨ Mayores de edad con plena capacidad de obrar.
- ⇨ Menores emancipados, con los límites del art. 323 del Código Civil.
- ⇨ Menores o personas con discapacidad a través de su representante legal, en los términos previstos en la ley.

6.7.1. Rasgos principales

El empresario individual dirige y controla su negocio con plena autonomía. Responde con todos sus bienes presentes y futuros de las deudas de la actividad (responsabilidad ilimitada). No existe capital mínimo de constitución ni obligación de escritura pública para iniciar la actividad.

En régimen económico matrimonial de gananciales, los bienes comunes pueden quedar afectos salvo pactos o capitulaciones; es recomendable asesorarse y, en su caso, otorgar capitulaciones o acogerse al beneficio de limitación de responsabilidad sobre la vivienda habitual (art. 8 Ley 14/2013).

6.7.2. Marco legal básico

La actividad se rige, principalmente, por el Código de Comercio (relaciones mercantiles) y el Código Civil (obligaciones y contratos), además de la normativa fiscal y de Seguridad Social aplicable a los autónomos, el RGPD/ LOPDGDD en materia de datos personales, y la normativa sectorial (sanitaria, ambiental, consumo, turística, etc.) que corresponda.

6.7.3. Alta y trámites esenciales (en 2025)

Hoy la mayoría de las gestiones pueden realizarse en línea a través de un Punto PAE y/o el sistema CIRCE (DUE), que integra en un solo circuito los trámites con Hacienda, Seguridad Social y, cuando procede, el ayuntamiento.

1. **Hacienda - Censo e IAE**

   Antes de iniciar la actividad:

   ⇨ Alta censal (modelos 036 o 037), indicando: datos personales, epígrafe IAE, régimen de IVA, método de IRPF (normalmente estimación directa simplificada; en algunos casos módulos si procede) y domicilio fiscal.

   ⇨ IAE: la mayoría de las personas físicas están exentas de pago si su cifra de negocios es < 1.000.000 €; aun así, deben comunicar el epígrafe en el alta censal.

   ⇨ Si va a emitir facturas con IVA/IRPF, determine obligaciones periódicas (modelos 303, 390, 130/131, 111/115, etc.).

   Novedad: avanza la facturación electrónica obligatoria en relaciones B2B (Ley "Crea y Crece") con despliegue progresivo por reglamento. Aunque la exigencia total está en fase de implantación, es conveniente adoptar ya soluciones de e-factura y firma digital.

2. **Seguridad Social - RETA y comunicaciones**

   ⇨ Alta en el RETA (Régimen Especial de Trabajadores Autónomos) antes de iniciar la actividad (puede tramitarse hasta 60 días previos a la fecha de efectos).

   ⇨ Desde 2023 rige el sistema de cotización por rendimientos reales: eliges tramo de ingresos previstos y basedentro del tramo; la Tesorería regulariza con tus rendimientos netos anuales.

   ⇨ Cuota reducida (80 €/mes) para nuevas altas durante 12 meses, prorrogable otros 12 si los rendimientos siguen por debajo del umbral legal.

   ⇨ Si vas a contratar personal, además del alta en RETA: inscribe la empresa (obtención de Código Cuenta de Cotización), comunica altas/bajas por Sistema RED y realiza las liquidaciones por Sistema de Liquidación Directa (sustituye a TC1/TC2).

   ⇨ Mutua colaboradora: elección obligatoria para contingencias profesionales y cese de actividad.

3. **Ayuntamiento y autoridad autonómica**

- ⇨ Licencia o Declaración Responsable/Comunicación Previa según actividad y municipio (apertura, obras, terraza, actividad inocua o calificada...).
- ⇨ Comunicación de apertura de centro de trabajo ante la autoridad laboral autonómica si hay personas trabajadoras.
- ⇨ Prevención de riesgos laborales (PRL): obligatoria si se emplea personal; si trabajas sin plantilla, hay supuestos con exigencias específicas (p. ej., obras de construcción, coordinación de actividades).
- ⇨ Otras autorizaciones: sanitarias, medioambientales, turísticas, transporte, etc., cuando aplique.

4. **Otras obligaciones transversales**

- ⇨ Protección de datos: registro de actividades de tratamiento, cláusulas de información/consentimiento, contratos de encargados de tratamiento, medidas de seguridad y, si procede, política de cookies y aviso legal en la web (RGPD y LOPDGDD).
- ⇨ Consumo: hojas de reclamaciones, información de precios, política de devoluciones/garantías, libro de precios/cartas en hostelería, etc., cuando seas empresario frente a consumidor.
- ⇨ Propiedad industrial e intelectual: marca (OEPM/EUIPO), derechos de autor, licencias de software y contenidos.
- ⇨ Obligaciones registrales: la inscripción en Registro Mercantil del empresario individual es voluntaria (salvo supuestos específicos); puede ser útil para oponibilidad frente a terceros.

6.7.4. Fiscalidad y gestión cotidiana

- ⇨ IVA (modelo 303/390) si realizas operaciones sujetas y no exentas; si eres minorista con recargo de equivalencia, no presentas 303 (lo repercute el proveedor).
- ⇨ IRPF: pagos fraccionados modelo 130 (estimación directa) o 131 (módulos). Retenciones por trabajo/servicios a profesionales (111) y arrendamientos (115) si procede.

- ⇨ Libros registro de ingresos/gastos, bienes de inversión e IVA (o SII si obligado).
- ⇨ Facturación: numeración correlativa, datos obligatorios, tipo impositivo/recargo, conservación digital. Prepara la transición a e-factura.
- ⇨ Banca y medios de cobro: cuenta profesional, TPV/TPV virtual, pasarelas seguras, conciliación bancaria y control de tesorería.
- ⇨ Seguro de RC y, si corresponde, multirriesgo, ciber, accidentes y otros específicos del sector.

6.7.5. Relaciones laborales y modalidades

Si contratas personal, utiliza los modelos vigentes (indefinido, fijo-discontinuo, formativo...) y registra los contratos por los canales telemáticos (SEPE/Contrat@ o el que corresponda). Cumple con jornada, salario según convenio, registro horario, prevención, protocolo de acoso e igualdad (si aplican umbrales).

Figura especial: TRADE (trabajador/a autónomo/a económicamente dependiente), cuando el 75 % de la facturación procede de un único cliente y se cumplen requisitos legales (requiere contrato por escrito y registro).

6.7.6. Apoyos, ayudas y programas

- ⇨ SEPE y servicios públicos de empleo autonómicos (SOC, SAE, LABORA, etc.): programas de autoempleo, formación gratuita, orientación y ayudas a la contratación.
- ⇨ Pago único / capitalización y/o compatibilidad de la prestación por desempleo para iniciar la actividad (solicitar antes del alta).
- ⇨ Líneas de financiación: microcréditos (a menudo sin aval), ICO (vía entidades), ENISA (si hay componente innovador), ayudas a digitalización, innovación, igualdad, economía circular y programas locales (ayuntamientos, diputaciones, cámaras).
- ⇨ Viveros, incubadoras y PAE: acompañamiento, mentoring y espacios a coste reducido.

6.7.7. Buenas prácticas para empezar con buen pie

1. Planifica y valida: define tu propuesta de valor y pruébala en pequeño (MVP, preventas).
2. Profesionaliza desde el día 1: contabilidad al día, facturas ordenadas, backups, firma electrónica, e-factura.
3. Cuida tu tiempo y tu tesorería: presupuesto mensual, previsión de IVA/IRPF y colchón de liquidez.
4. Cumple y protege: RGPD, PRL, consumo, licencias, seguros y marca registrada.
5. Mide y mejora: fija KPIs simples (ventas, margen, cobros, satisfacción, repetición) y revísalos cada mes.
6. Piensa en el futuro: si tu riesgo crece o vas a escalar con socios/inversión, valora migrar a SL para limitar responsabilidad y facilitar el crecimiento.

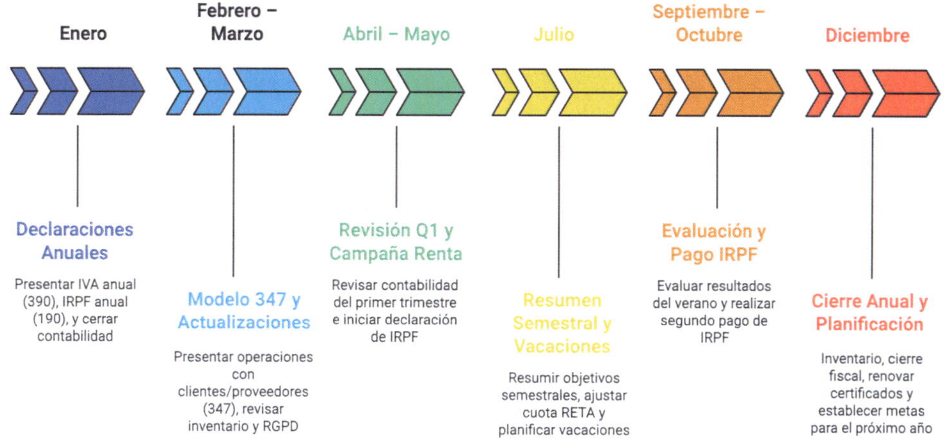

6.8. Sociedad Anónima (S.A.)

6.8.1. Concepto

La Sociedad Anónima (S.A.) es una sociedad mercantil de carácter capitalista cuyo capital está dividido en acciones, partes iguales que representan la propiedad de los socios o accionistas. La responsabilidad de los socios está limitada al capital que aportan, sin comprometer su patrimonio personal.

Es una forma jurídica adecuada para empresas de gran dimensión, que necesitan reunir importantes recursos económicos o prevén acceder a los mercados financieros mediante la emisión de acciones u obligaciones.

6.8.2. Características principales

- El **capital social mínimo** exigido es de 60.000 euros, dividido en acciones. En el momento de la constitución debe estar desembolsado al menos el 25 % del capital suscrito.
- Las **aportaciones** pueden ser en dinero, bienes o derechos susceptibles de valoración económica. Las aportaciones no dinerarias deben ser valoradas por un experto independiente designado por el Registro Mercantil.

- Las **acciones son libremente transmisibles** una vez inscrita la sociedad, y pueden transmitirse por venta, donación o herencia.
- El número mínimo de socios fundadores es de tres, aunque una vez constituida puede mantenerse con un solo accionista (S.A. unipersonal).
- Las acciones son **indivisibles**, y confieren derechos políticos (voto, información) y económicos (participación en beneficios y en el patrimonio en caso de liquidación).
- El nombre de la empresa debe incluir la expresión "**Sociedad Anónima**" o su abreviatura "**S.A.**".
- La **responsabilidad** de los socios se limita al importe de las acciones que poseen, sin que respondan personalmente de las deudas sociales.

6.8.3. Estructura y órganos sociales

La Sociedad Anónima cuenta con dos órganos esenciales de gobierno:

1. La Junta General de Accionistas

   Es el órgano supremo de decisión, donde se expresan la voluntad y los acuerdos de los socios.

   - En la Junta Ordinaria (que debe celebrarse dentro de los seis primeros meses de cada ejercicio) se aprueban las cuentas anuales, la gestión social y la aplicación de resultados.
   - En la Junta Extraordinaria se tratan cuestiones puntuales (ampliaciones de capital, fusiones, disolución, etc.).
   - Los acuerdos se adoptan por mayoría del capital presente o representado, con voto proporcional al número de acciones.

2. El Consejo de Administración o Administradores

   La Junta General nombra a uno o varios administradores (o un Consejo), que gestionan y representan la sociedad.

   - Los administradores no necesitan ser accionistas, salvo que los estatutos dispongan lo contrario.
   - Su mandato no puede exceder de cinco años, aunque pueden ser reelegidos.

- Están obligados a formular las cuentas anuales, el informe de gestión y la propuesta de aplicación de resultados dentro de los tres meses siguientes al cierre del ejercicio.
- En sociedades que superen ciertos límites de facturación o activos, las cuentas deben ser auditadas por profesionales independientes.
- Los administradores responden frente a la sociedad, los accionistas y terceros por los daños derivados de actuaciones contrarias a la ley, los estatutos o realizadas con negligencia grave.

6.8.4. Derechos de los accionistas

Los socios tienen derechos proporcionales a su participación en el capital:

- **Derecho a participar en los beneficios** y en el patrimonio resultante de la liquidación.
- **Derecho de voto** en la Junta General y de impugnación de acuerdos contrarios a la ley o los estatutos.
- **Derecho de suscripción preferente** en nuevas emisiones de acciones u obligaciones convertibles.
- **Derecho a la información**, en los plazos y condiciones fijadas por la ley y los estatutos.

6.8.5. Legislación aplicable

- Ley de Sociedades de Capital (Real Decreto Legislativo 1/2010, de 2 de julio) y sus modificaciones posteriores.
- Reglamento del Registro Mercantil (Real Decreto 1784/1996).
- Ley 14/2013, de apoyo a los emprendedores y su internacionalización.
- Normas fiscales, laborales y contables complementarias.

6.8.6. Obligaciones contables y libros oficiales

La S.A. debe llevar una contabilidad ajustada al Plan General de Contabilidad y disponer de los siguientes libros legalizados en el Registro Mercantil:

- ⇨ Libro Diario (registro cronológico de operaciones).
- ⇨ Libro de Inventarios y Cuentas Anuales.
- ⇨ Libro de Actas (acuerdos de Juntas y órganos colegiados).
- ⇨ Libro de Registro de Acciones Nominativas (si las acciones no son al portador).

Las cuentas anuales (balance, cuenta de pérdidas y ganancias, memoria, estado de cambios en el patrimonio neto y estado de flujos de efectivo) deben formularse, aprobarse en Junta y depositarse en el Registro Mercantil dentro del mes siguiente a su aprobación.

6.8.7. Trámites de constitución (2025)

La constitución de una S.A. se realiza normalmente por vía telemática a través de un Punto de Atención al Emprendedor (PAE) y el sistema CIRCE (Centro de Información y Red de Creación de Empresas), que simplifica y agrupa los trámites.

1. **Certificación negativa de denominación social**
   - ⇨ Se solicita al Registro Mercantil Central (www.rmc.es) para comprobar que el nombre elegido no está ocupado.
   - ⇨ Vigencia: 3 meses, prorrogable por otros tres.
2. **Apertura de cuenta bancaria y depósito del capital**
   - ⇨ Los socios deben ingresar el mínimo legal (60.000 €) en una cuenta a nombre de la sociedad en constitución.
   - ⇨ El banco emite un certificado de depósito que se incorpora a la escritura.
3. **Escritura pública de constitución**
   - ⇨ Se otorga ante notario, acompañando:
     - ➤ Certificación negativa del nombre.
     - ➤ Estatutos sociales.
     - ➤ Certificado bancario del capital depositado (o informe de valoración de aportaciones no dinerarias).

- ⇨ La escritura debe detallar: identidad de los socios, capital, acciones, sistema de administración, domicilio y objeto social.

4. **Liquidación del Impuesto de Transmisiones Patrimoniales y Actos Jurídicos Documentados (ITP/AJD)**

   - ⇨ Actualmente la constitución de sociedades está exenta, aunque puede presentarse modelo 600 informativo ante Hacienda autonómica.

5. **Solicitud del NIF provisional y alta censal**

   - ⇨ Se presenta el modelo 036 en la Agencia Tributaria (AEAT) para obtener el NIF provisional, hasta disponer de la inscripción definitiva en el Registro Mercantil.

6. **Inscripción en el Registro Mercantil Provincial**

   - ⇨ La escritura debe presentarse para su inscripción en el Registro Mercantil de la provincia del domicilio social, dentro del mes siguiente a su otorgamiento.
   - ⇨ Una vez inscrita, se obtiene el NIF definitivo.

7. Alta en Hacienda y en Seguridad Social

   - ⇨ Comunicación de inicio de actividad (modelo 036) y alta en el Impuesto de Actividades Económicas (IAE)(exención si la cifra de negocio < 1 millón €).
   - ⇨ Si se van a contratar empleados, se debe:
     - ➤ Inscribir la empresa en la Tesorería General de la Seguridad Social (TGSS) y obtener el Código Cuenta de Cotización (CCC).
     - ➤ Afiliar y dar de alta a los trabajadores a través del Sistema RED.
     - ➤ Los administradores que ejerzan funciones retribuidas se inscribirán en RETA o en el Régimen General Asimilado, según el grado de control societario.

8. Trámites municipales y sectoriales

   - ⇨ Solicitud de licencia o declaración responsable de apertura ante el Ayuntamiento.

- Comunicación de apertura del centro de trabajo ante la autoridad laboral autonómica.
- Cumplimiento de normativa de Prevención de Riesgos Laborales (PRL), protección de datos (RGPD) y consumo, según el sector.

Pasos para la constitución de una empresa

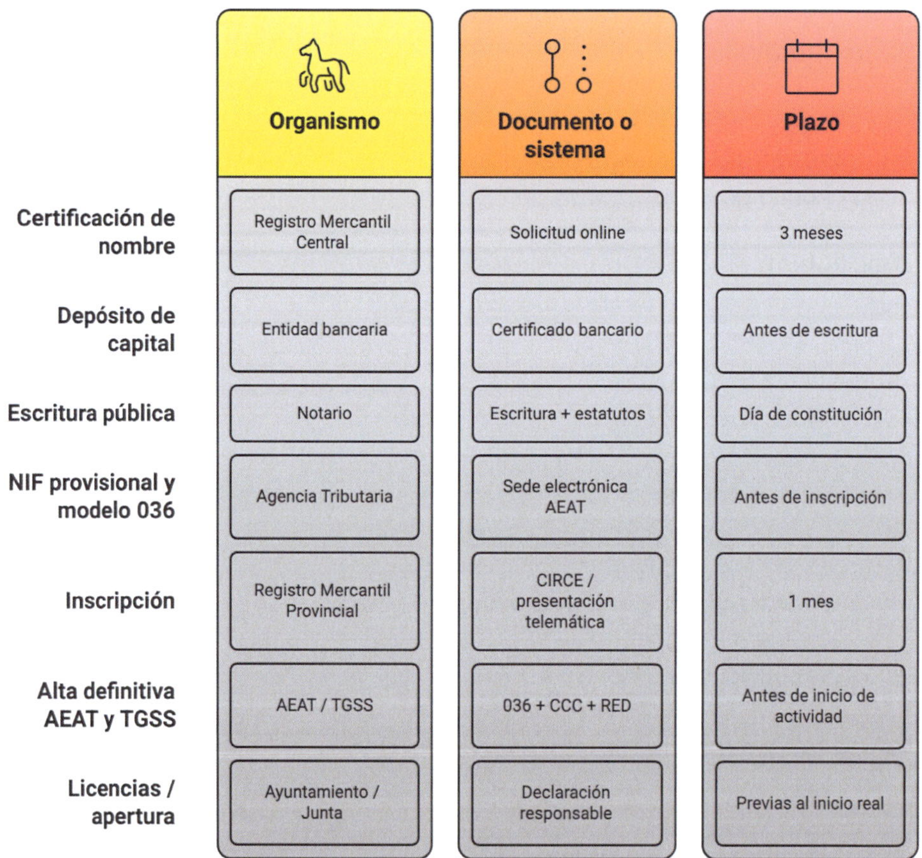

	Organismo	Documento o sistema	Plazo
Certificación de nombre	Registro Mercantil Central	Solicitud online	3 meses
Depósito de capital	Entidad bancaria	Certificado bancario	Antes de escritura
Escritura pública	Notario	Escritura + estatutos	Día de constitución
NIF provisional y modelo 036	Agencia Tributaria	Sede electrónica AEAT	Antes de inscripción
Inscripción	Registro Mercantil Provincial	CIRCE / presentación telemática	1 mes
Alta definitiva AEAT y TGSS	AEAT / TGSS	036 + CCC + RED	Antes de inicio de actividad
Licencias / apertura	Ayuntamiento / Junta	Declaración responsable	Previas al inicio real

6.8.8. Fiscalidad y obligaciones periódicas

- Impuesto sobre Sociedades (IS): 25 % tipo general; 15 % para entidades de nueva creación durante los dos primeros años con base imponible positiva.
- IVA: modelo 303 trimestral y 390 anual.
- Retenciones: modelos 111 (trabajadores y profesionales) y 115 (alquileres).

- ⇨ Pagos fraccionados IS: modelo 202 (abril, octubre, diciembre).
- ⇨ Cuentas anuales: depósito anual en el Registro Mercantil.

Ventajas e inconvenientes

- ⇨ Ventajas
  - Responsabilidad limitada de los socios.
  - Facilidad para captar inversión mediante la emisión de acciones.
  - Imagen de solvencia y credibilidad ante terceros.
  - Posibilidad de acceso a mercados financieros.
- ⇨ Inconvenientes
  - Capital mínimo elevado (60.000 €).
  - Constitución y gestión más complejas y costosas que en una SL.
  - Obligación de auditoría en determinados supuestos.

6.9. Sociedad de Responsabilidad Limitada (S.L.)

6.9.1. Concepto

La Sociedad de Responsabilidad Limitada (S.L.) es una sociedad mercantil de carácter capitalista cuyo capital se divide en participaciones sociales, y en la que los socios limitan su responsabilidad al importe de sus aportaciones. Esto significa que, en caso de deudas, los socios no responden con su patrimonio personal.

La S.L. es la forma jurídica más utilizada en España, especialmente entre las pequeñas y medianas empresas, por su flexibilidad, su sencillez de gestión y la protección patrimonial que ofrece.

6.9.2. Características principales

- ⇨ Responsabilidad limitada: los socios solo responden con el capital aportado.
- ⇨ Capital social mínimo: desde la Ley Crea y Crece (Ley 18/2022), el capital mínimo puede ser de 1 euro, aunque se recomienda aportar al menos 3.000 € para asegurar la solvencia inicial.

- Participaciones sociales: son indivisibles, no cotizan en bolsa y su transmisión está restringida (requiere consentimiento de los demás socios, salvo disposición contraria en los estatutos).
- Número de socios: puede constituirse por uno o varios socios. Si es de un solo socio, se denomina S.L.U. (Sociedad Limitada Unipersonal).
- Denominación: debe incluir en su nombre la expresión "Sociedad Limitada" o su abreviatura "S.L." o "S.R.L.".
- Objeto social: puede ser amplio y debe describir las actividades que desarrollará la empresa.
- Duración: indefinida, salvo que los estatutos dispongan lo contrario.
- Responsabilidad fiscal: tributa por el Impuesto sobre Sociedades, al tipo general del 25 %, o del 15 % durante los dos primeros ejercicios con beneficios para empresas de nueva creación.

6.9.3. Ventajas de la S.L.

- Protección del patrimonio personal de los socios.
- Posibilidad de constituirla con capital reducido.
- Estructura flexible para PYMES y negocios familiares.
- Simplificación de trámites mediante el sistema digital CIRCE y la red de PAE (Puntos de Atención al Emprendedor).
- Facilidad para incorporar nuevos socios o transformar la sociedad en otras formas jurídicas.

Inconvenientes:

- Menor facilidad para captar grandes inversiones (no emite acciones).
- Limitaciones en la transmisión de participaciones.
- Costes de mantenimiento contable y fiscal (asesoría, contabilidad, depósito de cuentas).

6.9.4. Órganos de gobierno

1. Junta General de Socios:

   ⇨ Órgano supremo de decisión.

   ⇨ Aprueba las cuentas anuales, distribuye resultados, nombra y cesa administradores y modifica estatutos.

   ⇨ Los acuerdos se adoptan por mayoría de participaciones sociales.

2. Administrador o Consejo de Administración:

   ⇨ Gestiona y representa legalmente a la sociedad.

   ⇨ Puede estar formado por uno o varios administradores, solidarios o mancomunados, o un consejo de administración.

   ⇨ No es necesario ser socio, salvo disposición estatutaria.

   ⇨ Su mandato puede ser indefinido o limitado, según determinen los estatutos.

6.9.5. Contabilidad y obligaciones formales

Las S.L. deben llevar una contabilidad ajustada al Plan General de Contabilidad y conservar todos los documentos justificativos de las operaciones durante 6 años.

Libros obligatorios:

⇨ Libro Diario.

⇨ Libro de Inventarios y Cuentas Anuales.

⇨ Libro de Actas.

⇨ Libro Registro de Socios.

⇨ Libro de Contratos con el Socio Único (en S.L.U.).

Cada año, las cuentas anuales deben formularse, aprobarse en Junta y depositarse en el Registro Mercantil en el plazo de un mes desde su aprobación.

6.9.6. Trámites para constituir una S.L. (2025)

Gracias a la digitalización, una S.L. puede constituirse en 24-48 horas mediante el sistema CIRCE y el Documento Único Electrónico (DUE) a través de un Punto de Atención al Emprendedor (PAE).

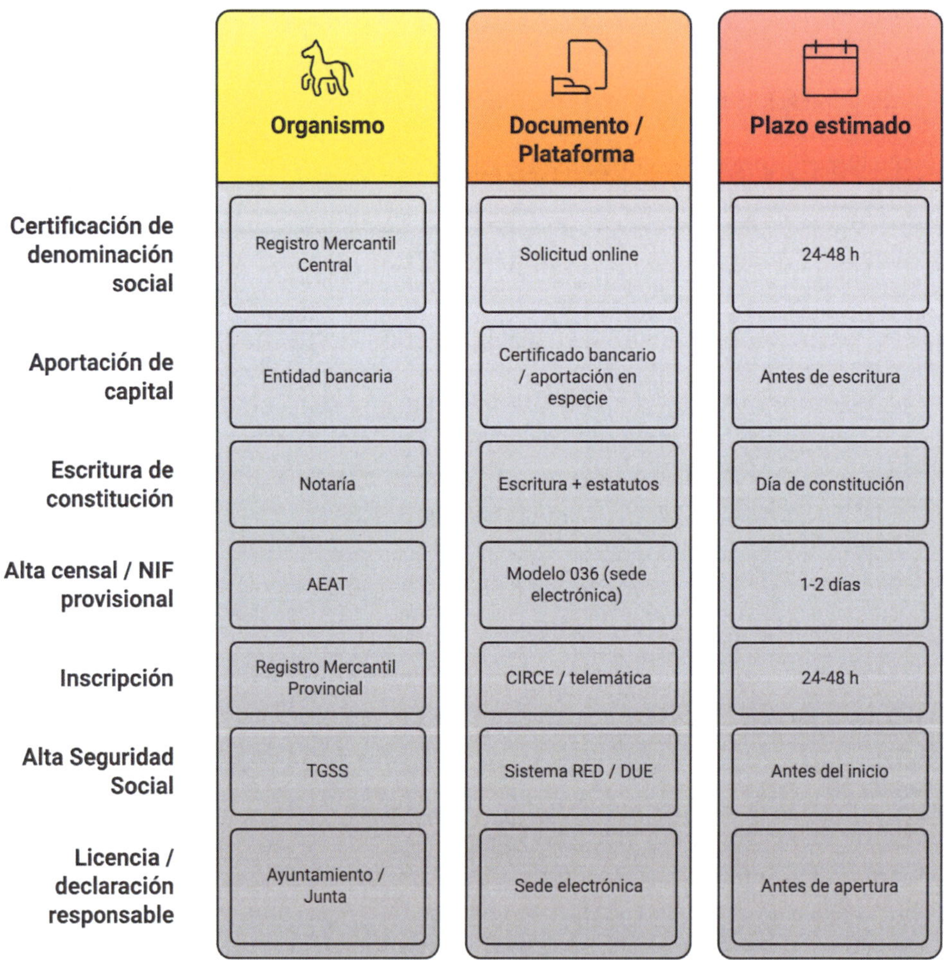

Trámites para la constitución de una empresa

	Organismo	Documento / Plataforma	Plazo estimado
Certificación de denominación social	Registro Mercantil Central	Solicitud online	24-48 h
Aportación de capital	Entidad bancaria	Certificado bancario / aportación en especie	Antes de escritura
Escritura de constitución	Notaría	Escritura + estatutos	Día de constitución
Alta censal / NIF provisional	AEAT	Modelo 036 (sede electrónica)	1-2 días
Inscripción	Registro Mercantil Provincial	CIRCE / telemática	24-48 h
Alta Seguridad Social	TGSS	Sistema RED / DUE	Antes del inicio
Licencia / declaración responsable	Ayuntamiento / Junta	Sede electrónica	Antes de apertura

1. Solicitud de denominación social

   ⇨ Se solicita al Registro Mercantil Central (www.rmc.es) para comprobar que el nombre no esté registrado.

   ⇨ Vigencia: 3 meses.

2. Aportación del capital social

   ⇨ Puede aportarse en dinero o en especie.

   ⇨ Si es inferior a 3.000 €, los socios responden solidariamente hasta alcanzar ese importe.

   ⇨ Si es superior, basta con un certificado bancario del depósito.

3. Otorgamiento de escritura pública ante notario

   ⇨ Incluye:

      ➤ Denominación social.

      ➤ Identidad de los socios.

      ➤ Aportaciones y capital social.

      ➤ Estatutos.

      ➤ Nombramiento de administradores.

   ⇨ Puede realizarse presencial o telemáticamente (firma digital).

4. Alta censal y solicitud de NIF provisional

   ⇨ Presentación del modelo 036 en la Agencia Tributaria (AEAT).

   ⇨ Obtención del NIF provisional con validez de 6 meses.

5. Inscripción en el Registro Mercantil Provincial

   ⇨ La sociedad adquiere personalidad jurídica con su inscripción.

   ⇨ Se obtiene el NIF definitivo.

6. Alta en Hacienda y Seguridad Social

   ⇨ Alta definitiva en el Impuesto de Actividades Económicas (IAE) (exento si facturación < 1.000.000 €).

   ⇨ Alta en la Tesorería General de la Seguridad Social (TGSS) para obtener el Código de Cuenta de Cotización (CCC) y comunicar la afiliación de trabajadores.

- ⇨ Los socios-administradores cotizan según su participación:
    - ➤ En el RETA si poseen control efectivo (más del 25 %).
    - ➤ En el Régimen General Asimilado si no lo poseen.

7. Trámites municipales y autonómicos
    - ⇨ Presentación de declaración responsable o comunicación previa en el Ayuntamiento para iniciar la actividad.
    - ⇨ Comunicación de apertura de centro de trabajo ante la autoridad laboral autonómica.
    - ⇨ Cumplimiento de normativa en prevención de riesgos laborales, protección de datos (RGPD) y consumo.
8. Legalización de libros y depósito de cuentas
    - ⇨ Legalización telemática en el Registro Mercantil.
    - ⇨ Depósito anual de cuentas aprobadas y firmadas digitalmente.

- ♦ Fiscalidad y obligaciones periódicas
    - ⇨ Impuesto sobre Sociedades (IS):
        - ➤ Tipo general: 25 %.
        - ➤ Tipo reducido: 15 % para nuevas empresas durante los dos primeros años con beneficios.
    - ⇨ IVA:
        - ➤ Modelo 303 trimestral y 390 anual.
        - ➤ Si se acoge al Suministro Inmediato de Información (SII), las declaraciones son mensuales.
    - ⇨ Retenciones:
        - ➤ Modelos 111 (trabajadores y profesionales) y 115 (arrendamientos).
    - ⇨ Pagos fraccionados IS:
        - ➤ Modelo 202 (abril, octubre, diciembre).

- ⇨ Declaraciones informativas:
  - ➤ Modelo 347 (operaciones con terceros superiores a 3.005 €).

6.9.7. Ventajas de la constitución digital (Ley Crea y Crece)

- ⇨ Posibilidad de crear una S.L. en menos de 48 horas.
- ⇨ Capital mínimo de 1 euro.
- ⇨ Trámites agrupados en un único documento (DUE).
- ⇨ Acceso a modelos tipo de estatutos y plantillas aprobadas por el Ministerio de Industria, Comercio y Turismo.
- ⇨ Reducción de costes notariales y registrales (constitución sencilla desde unos 60-100 euros).

6.10. Las Cooperativas

6.10.1. Concepto y esencia

Las cooperativas son sociedades de personas que se unen voluntariamente para satisfacer necesidades económicas, sociales o culturales comunes mediante una empresa de propiedad conjunta, gestionada democráticamente y basada en la participación y el beneficio colectivo.

A diferencia de las sociedades de capital (como las S.A. o S.L.), el objetivo principal de una cooperativa no es maximizar el beneficio individual, sino prestar servicios a sus socios y promover el desarrollo económico y social de la comunidad en la que opera.

Se rigen por los principios de la Economía Social, que incluyen la solidaridad, la participación, la igualdad, la equidad, la sostenibilidad y la primacía de las personas sobre el capital.

6.10.2. Marco legal

- ⇨ A nivel estatal, su marco básico es la Ley 27/1999, de 16 de julio, de Cooperativas.

- ⇨ Cada comunidad autónoma cuenta además con su propia ley de cooperativas, que desarrolla las particularidades territoriales (por ejemplo, Andalucía, Cataluña, País Vasco, Galicia o la Comunidad Valenciana).
- ⇨ Están integradas en el sector de la Economía Social, junto a las sociedades laborales, mutualidades, asociaciones y fundaciones.

6.10.3. Características principales

1. **Sociedad de personas y no de capital:** el peso del socio se mide en función de su participación activa, no por el dinero aportado. Cada socio dispone de un voto, independientemente del número de aportaciones.
2. **Propiedad conjunta:** los socios son a la vez propietarios y usuarios de la cooperativa. Participan en la gestión, en los resultados y en las decisiones estratégicas.
3. **Capital social variable:** puede aumentar o disminuir según las entradas o salidas de socios. La ley fija un mínimo inicial, determinado por los estatutos, que debe estar totalmente desembolsado en el momento de la constitución.
4. **Responsabilidad limitada:** los socios responden únicamente con el capital aportado (salvo disposición contraria en los estatutos).
5. **Gestión democrática y participativa:** las decisiones se adoptan en Asamblea General, donde cada socio tiene un voto.
6. **Reparto de resultados equitativo:** los beneficios (denominados excedentes) se reparten en función de la actividad realizada por cada socio con la cooperativa, no según el capital invertido.
7. **Educación y compromiso social:** las cooperativas destinan una parte de sus beneficios a la formación de sus socios y trabajadores y al fomento de la comunidad local o de otras entidades cooperativas.
8. **Fiscalidad favorable:** disfrutan de determinados beneficios fiscales y apoyo institucional por su contribución a la creación de empleo estable, la inclusión social y el desarrollo local.

6.10.4. Tipos de cooperativas

Existen varios tipos según la actividad y los fines que persigan:

- **Cooperativas de trabajo asociado**

  Son las más comunes.Están formadas por personas que se asocian para trabajar juntas y autogestionar su empleo. Los socios son simultáneamente trabajadores y propietarios, compartiendo la gestión y los resultados.

  Ejemplos: empresas de hostelería cooperativa, servicios educativos, sanitarios, culturales o tecnológicos.

- **Cooperativas de consumo**

  Agrupan a consumidores o usuarios que se asocian para obtener bienes o servicios (alimentación, vivienda, energía, transporte, educación) en mejores condiciones de precio y calidad.

- **Cooperativas agrarias**

  Integradas por agricultores, ganaderos o silvicultores que buscan mejorar la producción, transformación o comercialización de sus productos.

- **Cooperativas de vivienda**

  Promueven, construyen o gestionan viviendas y servicios residenciales para sus socios, sin ánimo especulativo.

- **Cooperativas de servicios o profesionales**

  Reúnen a profesionales o pequeñas empresas que se asocian para prestar servicios comunes: asesoría, formación, compras, marketing o acceso a tecnología.

- **Cooperativas de enseñanza, crédito, sanitarias o mixtas**

  Orientadas a sectores específicos o que combinan varios fines económicos y sociales.

6.10.5. Órganos de gobierno

Las cooperativas se estructuran en tres órganos principales:

1. Asamblea General
   - ⇨ Es el órgano supremo de decisión.
   - ⇨ Participan todos los socios con derecho a voz y voto (un socio, un voto).
   - ⇨ Aprueba las cuentas anuales, la gestión del Consejo Rector y las líneas estratégicas.
2. Consejo Rector
   - ⇨ Es el órgano de gestión y representación permanente.
   - ⇨ Elegido por la Asamblea entre los socios.
   - ⇨ Nombra al presidente y controla la dirección económica y social.
3. Intervención o auditoría de cuentas
   - ⇨ Controla la gestión contable y financiera.
   - ⇨ Puede ser interna o externa, según la dimensión de la cooperativa.

Algunas cooperativas cuentan también con un director o gerente profesional, que ejecuta las decisiones del Consejo Rector.

6.10.6. Constitución y trámites básicos

El proceso de creación de una cooperativa se ha simplificado gracias a la tramitación digital mediante los Puntos de Atención al Emprendedor (PAE) y las oficinas de Economía Social de las comunidades autónomas.

1. Número mínimo de socios
   - ⇨ En general, se requieren tres socios fundadores (personas físicas o jurídicas).
   - ⇨ Algunas leyes autonómicas permiten dos en cooperativas pequeñas o microcooperativas.

2. Capital social

   ⇨ Determinado por los estatutos sociales.

   ⇨ Debe estar totalmente desembolsado en el momento de la constitución.

   ⇨ Se deposita en una cuenta bancaria a nombre de la cooperativa en constitución.

3. Estatutos sociales

   Deben incluir:

   ⇨ Denominación, domicilio y objeto social.

   ⇨ Requisitos de admisión y baja de socios.

   ⇨ Aportaciones, derechos y deberes de los socios.

   ⇨ Normas de funcionamiento de los órganos de gobierno.

4. Escritura pública y registro

   ⇨ La cooperativa se constituye mediante escritura pública ante notario.

   ⇨ Debe inscribirse en el Registro de Cooperativas competente (estatal o autonómico).

   ⇨ Tras la inscripción, adquiere personalidad jurídica propia.

5. Trámites fiscales y de Seguridad Social

   ⇨ Alta en Hacienda (modelo 036) y obtención del NIF.

   ⇨ Alta en el IAE (Impuesto de Actividades Económicas).

   ⇨ Inscripción en la Tesorería General de la Seguridad Social (TGSS) y elección de la mutua.

   ⇨ Comunicación de apertura del centro de trabajo.

6.10.7. Régimen fiscal y económico

⇨ Tributan por el Impuesto sobre Sociedades, aunque con beneficios fiscales según el tipo y la calificación (por ejemplo, Cooperativa Fiscalmente Protegida).

- Los excedentes se reparten de la siguiente forma:
  - Una parte al Fondo de Reserva Obligatorio (para consolidar la cooperativa).
  - Un porcentaje al Fondo de Educación y Promoción Cooperativa (para formación y acción social).
  - El resto se reparte entre los socios en función de su participación en la actividad.
- Las cooperativas están obligadas a llevar una contabilidad normalizada, formular y depositar cuentas anuales, y realizar auditorías cuando superen ciertos límites.

6.10.8. Ventajas de las cooperativas

- Favorecen la autogestión, el empleo estable y la igualdad de género.
- Fomentan la democracia económica y la participación real de los trabajadores.
- Tienen responsabilidad social y medioambiental integrada.
- Disfrutan de apoyo institucional y líneas de financiación específicas (ICO, ENISA, programas de Economía Social, fondos europeos Next Generation, etc.).
- Son especialmente adecuadas para proyectos de economía verde, servicios comunitarios, educación, cultura, turismo sostenible o innovación social.

6.10.9. Inconvenientes o limitaciones

- Procesos de decisión más lentos por la participación colectiva.
- Dificultad para captar inversión externa (al primar el trabajo frente al capital).
- Necesidad de compromiso, implicación y formación cooperativa de todos los socios.

Resumen

♦ Inserción laboral, estrategias y emprendimiento

El entorno laboral actual se halla inmerso en una transformación profunda, marcada por cambios estructurales derivados de la digitalización, la sostenibilidad, la automatización y nuevos modelos organizativos.

Frente a este panorama, la figura del trabajador debe evolucionar hacia un perfil cada vez más flexible, polivalente y adaptado al aprendizaje continuo. Este contexto exige replantear la manera en la que se accede al empleo, se diseña una carrera profesional y se concibe el emprendimiento como alternativa viable.

♦ Situación y tendencias del sector productivo objeto de formación

El mercado de trabajo del siglo XXI está caracterizado por una creciente flexibilidad, movilidad y necesidad de adaptación. Los empleos de larga duración han cedido paso a modalidades temporales, por proyectos o híbridas, mientras que la empleabilidad está directamente vinculada a la capacidad de aprendizaje y adaptación de los profesionales.

La transformación digital está redefiniendo los procesos productivos, impulsando la demanda de perfiles en áreas como la inteligencia artificial, la ciberseguridad o el marketing digital. Paralelamente, el auge de la economía verde y los servicios a las personas representa otro polo clave en la generación de empleo, acompañado por el impulso de sectores como la sanidad, la formación, la cultura o el turismo sostenible.

Las nuevas formas de organización laboral, como el teletrabajo o los modelos híbridos, han ganado protagonismo tras la pandemia, consolidándose como opciones viables y deseables para una parte importante de la población activa. Ante este nuevo paradigma, la formación permanente se convierte en un eje esencial para mantener la empleabilidad, a la vez que las empresas demandan perfiles versátiles, creativos y con fuertes habilidades sociales y digitales.

♦ Perfil del trabajador demandado por las empresas

En la actualidad, las empresas buscan trabajadores que combinen competencias técnicas con habilidades sociales, emocionales y digitales. La persona empleable es, ante todo, adaptable al cambio, capaz de aprender con rapidez, proactiva y segura de sí misma. Las llamadas competencias blandas o “soft skills”, como la empatía, la comunicación, el trabajo en equipo o la capacidad de liderazgo, son cada vez más valoradas. También se espera iniciativa personal, creatividad y resiliencia ante la presión o el fracaso.

El dominio de idiomas, especialmente el inglés, y las competencias digitales son requisitos prácticamente transversales. Además, se valora la disposición a asumir distintos roles, moverse geográficamente y trabajar en entornos cambiantes. Por el contrario, actitudes como la pasividad, la falta de compromiso o una orientación exclusivamente económica tienden a penalizar las oportunidades de inserción laboral.

♦ Áreas de actividad y profesiones con mejores perspectivas de empleo

Las profesiones con mayor proyección se agrupan en torno a sectores como la digitalización, la sostenibilidad medioambiental, los servicios a las personas y la modernización de sectores tradicionales. Entre ellos, destacan:

- ⇨ Administración y gestión empresarial, con perfiles orientados a la digitalización, análisis de datos y gestión de calidad.
- ⇨ Comercio y marketing digital, donde se demanda talento en redes sociales, atención al cliente online o ventas sostenibles.
- ⇨ Medio ambiente y sostenibilidad, con oportunidades en energías renovables, eficiencia energética, gestión de residuos o economía circular.
- ⇨ Turismo y hostelería sostenibles, que integran la digitalización con un enfoque personalizado y responsable.
- ⇨ Sanidad y servicios sociales, donde el envejecimiento poblacional y la digitalización están generando nuevas profesiones.
- ⇨ Tecnología y telecomunicaciones, con alta demanda de desarrolladores, analistas de datos y especialistas en ciberseguridad.

- ⇨ Construcción e industria verde, impulsadas por la eficiencia energética y la industria 4.0.
- ⇨ Sector agroalimentario y bioeconomía, con profesiones técnicas vinculadas a la sostenibilidad y digitalización del campo.
- ⇨ Artesanía y economía creativa, que revalorizan los oficios tradicionales en clave sostenible y digital.

El hilo conductor de todas estas áreas es la necesidad de perfiles híbridos, capaces de combinar tecnología, sostenibilidad y sensibilidad humana, en un entorno marcado por la innovación constante.

♦ Dónde encontrar información sobre nuevas áreas de actividad

La búsqueda de información laboral fiable es, en sí misma, una competencia profesional. Los principales canales para conocer sectores emergentes, perfiles demandados y formación disponible incluyen:

- ⇨ Portales institucionales, como el SEPE, Observatorio de las Ocupaciones, Eurofound o CEDEFOP.
- ⇨ Plataformas de empleo (LinkedIn, InfoJobs, Indeed), que permiten observar tendencias en tiempo real.
- ⇨ Agencias de desarrollo local y servicios autonómicos de empleo, que ofrecen orientación adaptada al contexto territorial.
- ⇨ Observatorios sectoriales y asociaciones profesionales, que publican informes sobre necesidades de formación y empleo por sectores.
- ⇨ Portales especializados en empleo verde, digital y social, como Empleaverde.es o SpainTech.
- ⇨ Medios de comunicación y redes de aprendizaje, donde se analiza la evolución del mercado laboral y se ofrecen recursos formativos continuos.

♦ Desarrollo de estrategias personales para la búsqueda de empleo

Buscar empleo exige una estrategia personal bien estructurada, que comienza con el autoconocimiento. Este proceso implica identificar actitudes, aptitudes, fortalezas, debilidades, hábitos y logros. Con esta base, es posible definir objetivos profesionales claros y construir una marca personal coherente, visible en redes profesionales y canales de búsqueda.

El diseño de una estrategia eficaz contempla la planificación de acciones, el uso de una agenda de seguimiento y el uso combinado de diversos canales de empleo: portales digitales, servicios públicos, agencias de colocación, redes personales y sociales, programas de orientación, entre otros. La clave está en la constancia, la personalización de las candidaturas y la capacidad de adaptación a cada contexto.

♦ Reflexión sobre formación, experiencia y análisis DAFO personal

La reflexión crítica sobre la propia trayectoria permite identificar los puntos fuertes, áreas de mejora y oportunidades externas. El análisis DAFO es una herramienta útil para ordenar esta información, distinguiendo entre factores internos (fortalezas y debilidades) y externos (oportunidades y amenazas).

Una formación sólida, complementada con certificaciones, idiomas y competencias digitales, refuerza la empleabilidad. Por otro lado, la experiencia debe traducirse en competencias concretas y transferibles. Los logros alcanzados a lo largo de la vida laboral deben poder comunicarse con claridad y credibilidad, en formatos como el currículum o la entrevista.

♦ Proyecto de empleo: planificación y visión integral

El empleo no debe entenderse únicamente como un medio de subsistencia, sino como un proyecto vital que requiere reflexión, planificación y sentido. Construir un proyecto de empleo implica definir con claridad el perfil profesional, identificar sectores compatibles, establecer prioridades y diseñar un itinerario que contemple tanto el corto como el medio plazo.

Este proceso comienza con la formulación de un objetivo profesional concreto: qué se quiere hacer, dónde y cómo se pretende lograrlo. El objetivo guía las decisiones formativas, las estrategias de búsqueda y la actitud frente a las oportunidades. Además, debe armonizar con los valores personales y el estilo de vida deseado.

El acceso al empleo puede seguir dos grandes vías: el trabajo por cuenta ajena o el autoempleo. En ambos casos, es imprescindible la planificación realista, el uso de herramientas como la agenda de búsqueda, y el diseño de fases claras: preparación, búsqueda activa y adaptación. La actitud proactiva, la flexibilidad y el aprendizaje continuo son elementos clave para lograr una inserción satisfactoria.

♦ El proyecto de empresa y el emprendimiento personal

Para quienes optan por el autoempleo, el proyecto de empresa representa la culminación del proceso de autoconocimiento y planificación. Se trata de convertir una idea en un camino realista hacia el empleo, teniendo en cuenta tanto las aspiraciones como la viabilidad del mercado.

Un proyecto bien formulado combina la formación requerida, habilidades necesarias, experiencia, valores personales, expectativas económicas, ubicación geográfica y análisis del entorno. Este enfoque permite definir un objetivo profesional coherente, por ejemplo: "Trabajar en hostelería sostenible, en un entorno internacional, fortaleciendo mis conocimientos en marketing turístico y mejorando mi nivel de inglés".

A partir de esta definición, se elabora un plan de mejora personal, que identifica los medios disponibles y aquellos que se deben desarrollar para alcanzar el objetivo. Este plan contempla acciones formativas, experiencias prácticas y ampliación de redes profesionales.

♦ La agenda como herramienta estratégica

La búsqueda de empleo organizada mediante una agenda permite estructurar el proceso, fijar metas, evaluar resultados y mantener la motivación. No se trata solo de anotar entrevistas, sino de convertir la agenda en una guía de trabajo que facilite la acción sistemática.

Existen formatos tradicionales en papel y versiones digitales con mayor versatilidad (Google Calendar, Notion, Trello, etc.). Sea cual sea el formato elegido, lo esencial es mantener la constancia y utilizar la agenda como un reflejo del compromiso personal con el proceso de inserción.

Además, la agenda permite revisar qué estrategias funcionan mejor, realizar ajustes y mejorar de forma continua, convirtiéndose así en una herramienta clave para el éxito en el acceso al empleo.

♦ Canales de empleo: tradicionales y digitales

Una estrategia eficaz de búsqueda combina canales clásicos y modernos:

- ⇨ Portales digitales como InfoJobs, Indeed, LinkedIn, JobandTalent y Glassdoor permiten acceder a miles de ofertas, construir un perfil atractivo y activar alertas personalizadas.

- ⇨ Servicios públicos de empleo (SEPE, servicios autonómicos) ofrecen formación gratuita, orientación y gestión de prestaciones.
- ⇨ Agencias de colocación y consultoras de selección conectan perfiles con empresas de forma personalizada.
- ⇨ Empresas de trabajo temporal (ETT) facilitan el acceso a primeras experiencias laborales y empleos puente.
- ⇨ Ferias, asociaciones empresariales y entidades locales promueven el contacto directo con empleadores.
- ⇨ Redes personales y profesionales (networking) siguen siendo uno de los canales más eficaces para encontrar empleo no visible en ofertas públicas.
- ⇨ Empleo público y becas, con convocatorias publicadas en boletines oficiales y plataformas estatales o europeas.

La clave está en adaptar cada canal al perfil, sector y objetivos del candidato, manteniendo un enfoque estratégico y coordinado.

♦ Búsqueda de empleo en internet y marca digital

Internet ha transformado radicalmente el acceso al empleo. Hoy, la mayoría de los procesos de selección comienzan y se desarrollan online. Además de utilizar portales de empleo, es imprescindible construir una marca personal digital, especialmente en LinkedIn, donde el perfil actúa como una carta de presentación continua.

La marca digital debe reflejar coherencia, profesionalidad y autenticidad. Participar en comunidades, publicar contenido relevante, compartir logros o certificaciones y establecer conexiones estratégicas incrementa la visibilidad y las oportunidades.

También hay que tener en cuenta el papel creciente de la inteligencia artificial en los procesos de selección, mediante ATS (Applicant Tracking Systems), videoentrevistas automatizadas y análisis de presencia digital. Por ello, es fundamental adaptar el currículum con palabras clave relevantes y optimizar todos los perfiles online.

Además, las plataformas freelance como Fiverr, Upwork o Freelancer abren nuevas oportunidades de autoempleo digital, mientras que la formación online en sitios como Coursera o Google Actívate refuerza la empleabilidad y la marca personal.

♦ Empleo público: acceso, recursos y preparación

El empleo público continúa siendo una opción valorada por su estabilidad, proyección y vinculación al servicio público. Las convocatorias se publican principalmente en el BOE, portales autonómicos y plataformas como empleopublico.gob.es o EPSO a nivel europeo.

Los tipos de empleo incluyen funcionarios de carrera, interinos, personal laboral y eventual. Las pruebas de acceso pueden consistir en oposiciones puras, concursos o procesos mixtos.

Preparar una oposición requiere disciplina, planificación y apoyo especializado. Los recursos disponibles incluyen academias, plataformas digitales, sindicatos y servicios universitarios de orientación. La tecnología ha permitido la creación de entornos virtuales de preparación con simulacros, test y clases en línea.

Además de las oposiciones tradicionales, existen bolsas temporales, programas de Garantía Juvenil y prácticas financiadas por fondos europeos.

AUTOEVALUACIÓN

1. ¿Cuál de los siguientes factores está impulsando la transformación del mercado laboral actual?
   - **A.** La deslocalización de empresas únicamente
   - **B.** El envejecimiento de la población solamente
   - **C.** La digitalización, la sostenibilidad y la automatización
   - **D.** La eliminación de los contratos temporales

2. ¿Qué modalidad contractual está ganando protagonismo en el siglo XXI?
   - **A.** Contrato fijo discontinuo
   - **B.** Contratos de larga duración indefinida
   - **C.** Trabajo vitalicio en una sola empresa
   - **D.** Contratos por proyectos y empleo híbrido

3. ¿Cuál es una competencia blanda (soft skill) altamente valorada por las empresas actuales?
   - **A.** Capacidad para memorizar textos técnicos
   - **B.** Gestión de nóminas
   - **C.** Empatía y resolución de conflictos
   - **D.** Conocimiento de normativas tributarias

4. ¿Qué sector se ha consolidado como uno de los principales motores de empleo en la economía verde?
   - **A.** Sector bancario
   - **B.** Sector del automóvil
   - **C.** Sector textil
   - **D.** Gestión de residuos y energías renovables

5. ¿Cuál de los siguientes perfiles profesionales se considera de alta empleabilidad en el ámbito digital?
   - **A.** Operador de maquinaria tradicional
   - **B.** Especialista en inteligencia artificial
   - **C.** Técnico de mantenimiento de ascensores
   - **D.** Camarero de barra fija

6. ¿Qué actitud es fundamental para mantener la empleabilidad a lo largo del tiempo?
   - **A.** Buscar un empleo estable y no cambiarlo nunca
   - **B.** Mantenerse alejado de las redes sociales
   - **C.** Formarse continuamente y adaptarse al cambio
   - **D.** Especializarse en una única tarea

7. ¿Qué herramienta permite ordenar las fortalezas, debilidades, oportunidades y amenazas del perfil profesional?
   - **A.** PEST
   - **B.** DAFO
   - **C.** SWOT
   - **D.** CV digital

8. ¿Qué canal se considera estratégico para buscar empleo y construir una marca personal profesional?
   - **A.** WhatsApp
   - **B.** LinkedIn
   - **C.** TikTok
   - **D.** Telegram

9. ¿Qué tipo de profesionales buscan hoy las empresas, según el documento?
   - **A.** Aquellos que solo tengan una carrera universitaria
   - **B.** Personas con conocimientos teóricos exclusivamente
   - **C.** Perfiles con combinación de habilidades técnicas y actitud positiva
   - **D.** Candidatos con títulos, pero sin experiencia

10. ¿Qué significa el concepto "proyecto de empleo" en el contexto actual?
    - **A.** El contrato que ofrece una empresa al trabajador
    - **B.** El plan personal para alcanzar un objetivo laboral concreto
    - **C.** El conjunto de entrevistas realizadas por una empresa
    - **D.** La creación de una empresa por parte del Estado

ICB
EDITORES

UNIDAD

1.2. Sensibilización Medioambiental

Contenido de la Unidad

- Conceptos Básicos: Medio Ambiente, Cambio Climático, Desarrollo Sostenible
- Buenas Prácticas Ambientales en la Actividad Profesional Objeto de Formación
- Resumen
- Autoevaluación

ICB
EDITORES

1. Conceptos Básicos: Medio Ambiente, Cambio Climático, Desarrollo Sostenible

1.1. Medio ambiente

El **medio ambiente** es el conjunto de elementos naturales, sociales y culturales que rodean a los seres vivos y que condicionan su existencia. Incluye factores **abióticos** (como el aire, el agua, el suelo o el clima) y **bióticos** (como los animales, las plantas y los microorganismos), junto con los sistemas de interacción que se establecen entre ellos.

Desde una perspectiva más amplia, el medio ambiente no solo abarca la naturaleza en sentido físico, sino también el entorno social, económico y cultural en el que las personas desarrollan su vida. Es el espacio común donde convergen la biodiversidad, los ecosistemas y las actividades humanas, y constituye la base que sustenta la vida en el planeta.

La franja de la Tierra en la que se desarrolla la vida se denomina **biosfera**, e incluye desde las profundidades marinas hasta unos diez kilómetros de altura en la atmósfera. En ella interactúan la **litosfera** (suelo y rocas), la hidrosfera(mares, ríos, lagos, aguas subterráneas) y la **atmósfera** (capa de gases que envuelve la Tierra). El equilibrio entre estos componentes permite que existan las condiciones necesarias para la vida.

Cuidar del medio ambiente es una responsabilidad colectiva: las actividades humanas -como la industria, el transporte, la agricultura intensiva o el consumo energético- generan un impacto directo en los ecosistemas, modificando su equilibrio natural. Por ello, la **educación ambiental y la sensibilización ecológica** son hoy pilares esenciales para garantizar el bienestar de las generaciones presentes y futuras.

1.2. Ecosistema

Un **ecosistema** es un sistema natural en el que los seres vivos (la comunidad biótica o biocenosis) interactúan entre sí y con el medio físico (el biotopo). Estas interacciones conforman una red dinámica de relaciones que permite la circulación de la energía y la materia.

El **Sol** es la fuente principal de energía de los ecosistemas. A través de la **fotosíntesis**, las plantas captan la energía solar y la transforman en materia orgánica, que luego pasa por los distintos niveles de la **cadena trófica o alimentaria**: productores, consumidores y descomponedores. Este flujo de energía y de nutrientes mantiene la estructura y el equilibrio del sistema.

Los ecosistemas se pueden clasificar, de forma general, en dos grandes tipos:

⇨ **Ecosistemas acuáticos**, donde los organismos viven en medios de agua dulce (ríos, lagos, humedales) o salada (mares, océanos). En estos ambientes, la luz, la temperatura y el oxígeno disuelto determinan la vida de los organismos.

⇨ **Ecosistemas terrestres**, que se desarrollan sobre la superficie del suelo, como los bosques, desiertos, praderas o tundras. En ellos, la disponibilidad de agua y nutrientes, junto con la temperatura, condiciona la distribución de las especies.

Además, en las últimas décadas se ha prestado especial atención a los **ecosistemas urbanos y agrícolas**, donde la intervención humana es intensa y donde la planificación ambiental resulta clave para mantener un entorno saludable.

El equilibrio ecológico de los ecosistemas depende de su capacidad para **autorregularse**, es decir, para recuperarse de los cambios o alteraciones externas. Sin embargo, cuando la presión humana es excesiva, se produce un deterioro del medio natural, pérdida de biodiversidad y degradación de los servicios ambientales que nos provee la naturaleza (agua limpia, aire puro, alimentos o regulación climática).

1.3. Flora y fauna

La **flora y la fauna** son los componentes vivos más visibles y representativos de los ecosistemas.

La flora hace referencia al conjunto de especies vegetales que habitan en una región, periodo o ecosistema determinado. Su diversidad depende de factores como el clima, el relieve, la composición del suelo o la disponibilidad de agua. La vegetación, por su parte, describe la disposición y estructura de esas plantas en el espacio (bosques, matorrales, pastizales, etc.).

Las plantas cumplen funciones ecológicas esenciales: producen oxígeno, fijan dióxido de carbono, previenen la erosión del suelo y sirven de alimento y refugio para otras especies. En un contexto de cambio climático, la **protección de la flora autóctona** y la restauración de ecosistemas forestales se han convertido en estrategias prioritarias para conservar la biodiversidad y mitigar el calentamiento global.

La **fauna**, por su parte, incluye a todos los animales que viven en un territorio determinado. Cada especie desempeña un papel específico dentro de la cadena trófica y contribuye al equilibrio natural. La desaparición de una especie puede alterar todo el sistema ecológico, por lo que su protección resulta fundamental.

La pérdida de hábitats, la contaminación, la sobreexplotación y el cambio climático son las principales amenazas para la biodiversidad. Actualmente, organismos internacionales como la **ONU, la Unión Europea o la UICN (Unión Internacional para la Conservación de la Naturaleza)** promueven programas de conservación de especies y restauración ecológica, reconociendo la biodiversidad como un bien común esencial para la supervivencia humana.

1.4. Ecología

La **ecología** es la ciencia que estudia las relaciones entre los seres vivos y el entorno que los rodea, así como las interacciones entre los propios organismos y los factores físicos y químicos del medio. El término proviene del griego oikos (casa) y logos (estudio), y literalmente significa "el estudio de nuestra casa común", la Tierra.

La ecología analiza cómo las especies se distribuyen, cómo utilizan los recursos naturales, cómo se adaptan a los cambios del entorno y de qué manera se afectan mutuamente. Es una disciplina **multidisciplinar** que integra conocimientos de **biología, zoología, botánica, geología, climatología, genética, física y química**, entre otras.

En las últimas décadas, la ecología ha adquirido un papel esencial para comprender fenómenos como el **cambio climático, la pérdida de biodiversidad, la contaminación, la deforestación o la degradación del suelo**. A través de sus estudios, proporciona las bases científicas necesarias para desarrollar estrategias de gestión sostenible de los ecosistemas, restauración ambiental y planificación territorial.

El ser humano, como parte del sistema ecológico, no puede desvincularse de su entorno. La **ecología humana** estudia precisamente las interacciones entre las sociedades y el medio ambiente, analizando el impacto de las actividades económicas, tecnológicas y culturales sobre la naturaleza y proponiendo modelos de convivencia más equilibrados.

1.5. Biodiversidad

La **biodiversidad**, o diversidad biológica, hace referencia a la **variedad de formas de vida existentes en la Tierra** y a los ecosistemas que las sustentan. Incluye la diversidad de especies, la diversidad genética dentro de cada especie y la diversidad de ecosistemas.

Esta enorme riqueza biológica es fruto de un proceso evolutivo de miles de millones de años, moldeado tanto por la selección natural como por la influencia humana. La biodiversidad no solo tiene un valor ecológico, sino también **económico, científico, cultural y sanitario**, ya que proporciona alimentos, medicinas, materias primas y servicios esenciales como la purificación del aire y del agua, la polinización o la regulación del clima.

Sin embargo, la biodiversidad se encuentra **seriamente amenazada**. Según datos del **Programa de las Naciones Unidas para el Medio Ambiente (PNUMA) y la ONU Biodiversidad (Convenio de Río de Janeiro, 1992)**, más de un millón de especies están en peligro de extinción por causas como:

- ⇨ La destrucción de hábitats naturales.
- ⇨ El cambio climático.
- ⇨ La contaminación del suelo, el aire y el agua.
- ⇨ La sobreexplotación de recursos.
- ⇨ La introducción de especies invasoras.

La **conservación de la biodiversidad** es, por tanto, una prioridad global. La Unión Europea ha adoptado la **Estrategia de Biodiversidad 2030**, cuyo objetivo es proteger el 30 % del territorio y de los mares europeos, restaurar ecosistemas degradados y reducir el uso de pesticidas y fertilizantes.

Cuidar la biodiversidad es **proteger la vida en todas sus formas** y garantizar los equilibrios que sostienen la existencia humana.

1.6. Sucesión ecológica

La **sucesión ecológica** es el proceso natural de **cambio y evolución de los ecosistemas** a lo largo del tiempo. Se produce cuando unas comunidades biológicas sustituyen progresivamente a otras, hasta alcanzar un equilibrio estable conocido como **clímax ecológico**.

1.7. Existen dos tipos principales de sucesión:

- ⇨ **Sucesión primaria:** ocurre en lugares donde antes no existía vida, como una superficie volcánica recién formada o una zona rocosa sin suelo. Las especies pioneras (líquenes, musgos o bacterias) son las primeras en colonizar el espacio, generando las condiciones necesarias para que lleguen otras especies.
- ⇨ **Sucesión secundaria:** se da en zonas donde existía vida y el ecosistema ha sido alterado (por incendios, talas, inundaciones o actividades humanas). En estos casos, el suelo ya contiene nutrientes, y la recuperación del ecosistema suele ser más rápida.

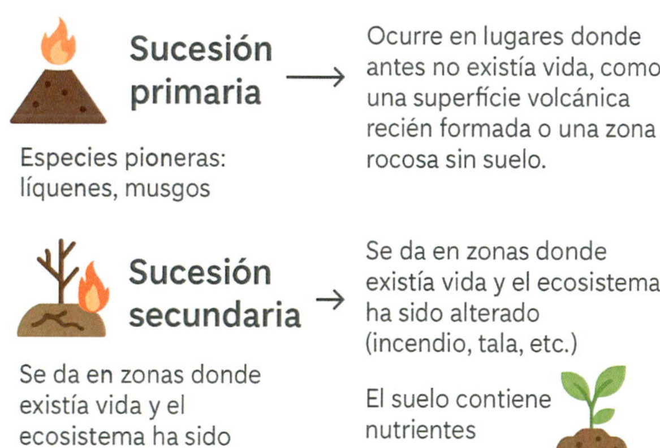

El proceso suele dividirse en tres fases:

1. **Etapa inicial o de colonización:** las especies pioneras, de rápido crecimiento, preparan el terreno para las siguientes.

2. **Etapa intermedia o de maduración:** aumenta la diversidad de especies y la complejidad de las relaciones ecológicas.

3. **Etapa final o clímax:** el ecosistema alcanza un estado de equilibrio dinámico, en el que las especies y los procesos se estabilizan.

La sucesión ecológica demuestra la **capacidad de regeneración de la naturaleza**, aunque también evidencia que algunos impactos humanos (como la contaminación o la desertificación) pueden interrumpir o impedir estos procesos naturales.

1.8. Desarrollo sostenible

El concepto de **desarrollo sostenible**, formulado en el **Informe Brundtland (1987)**, se define como "el desarrollo que satisface las necesidades del presente sin comprometer la capacidad de las futuras generaciones para satisfacer las suyas".

En la actualidad, el desarrollo sostenible es el eje de todas las políticas internacionales en materia ambiental, económica y social. Su objetivo es **armonizar el crecimiento económico, la inclusión social y la protección del medio ambiente**, de modo que el progreso no se produzca a costa de los recursos naturales.

Los **tres pilares fundamentales** del desarrollo sostenible son:

- ⇨ **El ambiental**, que persigue conservar los ecosistemas y utilizar los recursos de forma responsable.
- ⇨ **El económico**, que busca generar riqueza de manera eficiente y equitativa.
- ⇨ **El social**, que promueve la justicia, la igualdad de oportunidades y la mejora del bienestar.

En 2015, las Naciones Unidas aprobaron la **Agenda 2030 para el Desarrollo Sostenible, con 17 Objetivos (ODS) y 169 metas** concretas para erradicar la pobreza, luchar contra el cambio climático, fomentar la igualdad de género y proteger la biodiversidad.

La sostenibilidad no es un concepto teórico, sino un **modelo de acción**: implica consumir menos energía y recursos, reducir la generación de residuos, apostar por energías renovables, movilidad sostenible y modelos productivos circulares. En resumen, significa **vivir mejor, con menos impacto ambiental**.

1.9. Impacto ambiental

El **impacto ambiental** es la alteración, positiva o negativa, que una actividad humana o fenómeno natural produce sobre el entorno. Los impactos pueden ser **locales o globales, temporales o permanentes**, y afectar a los recursos naturales, la salud de los ecosistemas o el bienestar humano.

Para evaluar y minimizar estos efectos se utiliza la **Evaluación de Impacto Ambiental (EIA)**, un procedimiento técnico y legal que analiza las consecuencias previsibles de proyectos o actividades (como la construcción de infraestructuras, la instalación de fábricas o la explotación de recursos).

El resultado de este proceso es la **Declaración de Impacto Ambiental (DIA)**, un documento oficial que determina si un proyecto puede realizarse y en qué condiciones, estableciendo medidas preventivas, correctoras o compensatorias.

La EIA constituye una herramienta esencial para **garantizar que el desarrollo económico sea compatible con la protección del medio ambiente**, y es un pilar básico del principio de precaución ambiental recogido en la legislación española y europea.

1.10. Deforestación

La **deforestación** es la pérdida masiva de bosques y selvas debido, principalmente, a la actividad humana: tala indiscriminada, incendios, expansión agrícola, ganadera o urbanística. Aunque en algunos países también puede deberse a causas naturales (sequías extremas o plagas), la causa principal sigue siendo antrópica.

Los bosques cumplen funciones vitales: absorben dióxido de carbono, regulan el clima, conservan el suelo, protegen los recursos hídricos y albergan una gran parte de la biodiversidad del planeta. La desaparición de los bosques contribuye directamente al **cambio climático, a la erosión del suelo y a la pérdida de especies**.

Organismos internacionales como la **FAO y la ONU Medio Ambiente** promueven programas de **reforestación, gestión forestal sostenible** y certificaciones ecológicas (FSC, PEFC) que garantizan el aprovechamiento responsable de los recursos madereros. La restauración forestal se considera hoy una de las soluciones naturales más eficaces para mitigar el cambio climático y conservar la biodiversidad.

1.11. Desertificación

La **desertificación o desertización** es el proceso por el cual los suelos fértiles pierden su capacidad productiva y se transforman en zonas áridas o semidesérticas.

Se trata de un fenómeno global que afecta especialmente a regiones áridas y mediterráneas, donde las lluvias son escasas y la presión humana sobre el territorio es elevada.

Sus principales causas son:

⇨ El **cambio climático** y la disminución de las precipitaciones.

⇨ El **uso inadecuado del suelo** (sobreexplotación agrícola, pastoreo intensivo, deforestación).

⇨ La **mala gestión del agua y la erosión** provocada por la pérdida de cobertura vegetal.

En España, el **Plan Nacional de Lucha contra la Desertificación** identifica más del 70 % del territorio como área vulnerable, especialmente en el sureste peninsular. Para combatir este proceso, se impulsan medidas de **restauración del suelo, reforestación, agricultura regenerativa, uso eficiente del agua y economía circular rural**.

La desertificación es un recordatorio de que el suelo es un recurso limitado y no renovable a escala humana. Su conservación es esencial para garantizar la seguridad alimentaria y la estabilidad ecológica.

1.12. Cambio Climático

El **cambio climático** es una de las mayores amenazas globales del siglo XXI y constituye el eje central de la política ambiental, económica y social internacional. Se define como la **alteración significativa y duradera de los patrones del clima de la Tierra**, atribuible tanto a causas naturales como, sobre todo, a la acción humana.

A lo largo de la historia del planeta, el clima ha variado de forma natural debido a factores como las erupciones volcánicas, los movimientos tectónicos o las variaciones en la radiación solar. Sin embargo, desde mediados del siglo XIX -con la **Revolución Industrial**- el aumento de la temperatura media del planeta ha sido tan rápido y pronunciado que solo puede explicarse por la **actividad humana**.

La quema de combustibles fósiles (carbón, petróleo y gas natural), la deforestación, la agricultura intensiva, la ganadería y ciertos procesos industriales han incrementado la concentración de **gases de efecto invernadero (GEI)** en la atmósfera. Estos gases actúan como una capa que **retiene parte del calor del Sol**, impidiendo que escape al espacio y provocando un **calentamiento progresivo del planeta**.

1.12.1. El efecto invernadero: un equilibrio alterado

El **efecto invernadero** es un proceso natural y necesario para la vida. Sin él, la temperatura media de la Tierra sería de unos -18 ºC y el planeta sería inhabitable. Gracias a este fenómeno, parte de la radiación solar que llega a la superficie terrestre es absorbida y reemitida como calor (radiación infrarroja), quedando atrapada parcialmente por los gases de la atmósfera.

El problema actual no radica en su existencia, sino en su **intensificación artificial**. Las actividades humanas han provocado un aumento desproporcionado de la concentración de estos gases, intensificando el efecto invernadero natural y generando un **calentamiento global sin precedentes**.

Los principales gases responsables son:

- Dióxido de carbono (CO_2): procede principalmente de la combustión de combustibles fósiles, la deforestación y ciertos procesos industriales (como la producción de cemento).
- Metano (CH_4): liberado por la ganadería intensiva, los vertederos y la extracción de combustibles fósiles.
- Óxidos de nitrógeno (N_2O): emitidos por fertilizantes agrícolas y procesos industriales.
- Ozono troposférico (O_3): gas contaminante que se forma cerca de la superficie terrestre por la acción de la luz solar sobre otros contaminantes.
- Vapor de agua (H_2O): aunque es el gas invernadero más abundante, su concentración depende del equilibrio natural del ciclo del agua y no de emisiones directas.
- Gases industriales fluorados (HFC, PFC, SF_6): utilizados en refrigerantes, disolventes o aerosoles, con un potencial de calentamiento miles de veces superior al CO_2.

El aumento de estos gases ha elevado la temperatura media global en aproximadamente **1,2 ºC desde la era preindustrial**, según el **Panel Intergubernamental sobre Cambio Climático (IPCC)**. Aunque pueda parecer un cambio pequeño, está generando impactos climáticos, ecológicos y humanos de gran magnitud.

1.12.2. Efectos e impactos del cambio climático

El cambio climático afecta a todos los sistemas naturales y sociales del planeta. Su impacto se manifiesta a través de fenómenos meteorológicos cada vez más intensos, alteraciones en los ecosistemas, pérdida de biodiversidad y graves consecuencias socioeconómicas.

Entre los principales efectos observados destacan:

- ⇨ **Aumento de la temperatura media global** y aumento de las olas de calor prolongadas.
- ⇨ **Alteración del régimen de lluvias**, provocando sequías extremas en unas zonas e inundaciones en otras.
- ⇨ **Incremento de huracanes, tormentas y fenómenos meteorológicos extremos**, con gran coste humano y material.
- ⇨ **Deshielo acelerado de los polos y los glaciares**, contribuyendo al aumento del nivel del mar y a la pérdida de hábitats polares.
- ⇨ **Salinización y pérdida de zonas costeras**, afectando a millones de personas en regiones litorales.
- ⇨ **Pérdida de biodiversidad**, con la desaparición de ecosistemas sensibles como los arrecifes de coral, los humedales o los bosques tropicales.
- ⇨ **Reducción de la productividad agrícola**, cambios en los ciclos de cultivo y riesgos para la seguridad alimentaria.
- ⇨ **Aumento de enfermedades** transmitidas por vectores (mosquitos, garrapatas) debido al cambio de temperatura y humedad.
- ⇨ **Impactos sociales y económicos**, especialmente en los países más vulnerables, que disponen de menos recursos para adaptarse.

La **Organización Meteorológica Mundial (OMM)** ha confirmado que los últimos diez años han sido los más cálidos registrados desde que existen mediciones. Además, se prevé que, si no se reducen drásticamente las emisiones, la temperatura podría aumentar entre **2,5 y 3 ºC a finales de siglo**, con consecuencias irreversibles.

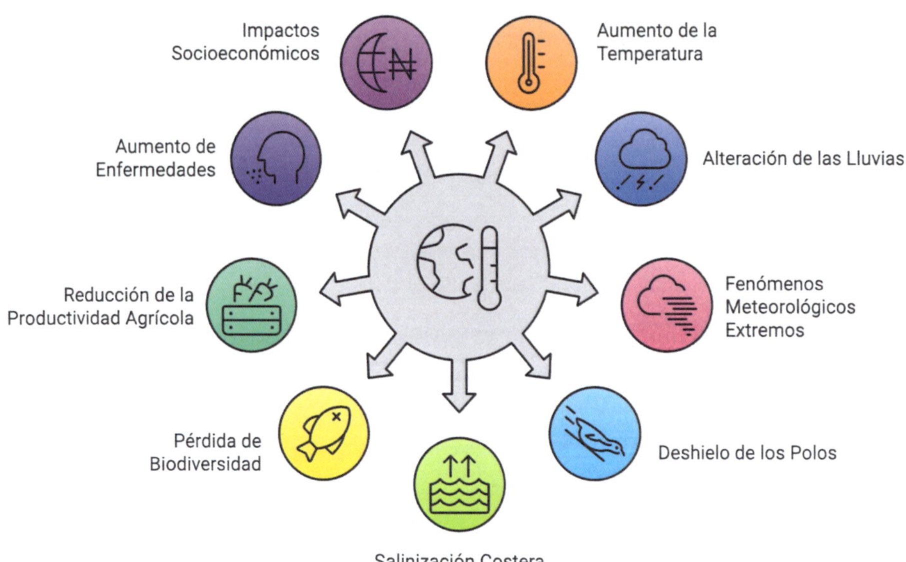

1.12.3. Mitigación y adaptación

Frente al cambio climático, la comunidad internacional ha adoptado dos estrategias complementarias: mitigación y adaptación.

- **Mitigación:** consiste en reducir las emisiones de gases de efecto invernadero y aumentar los sumideros de carbono (bosques, océanos, suelos). Incluye acciones como la transición hacia energías renovables, la eficiencia energética, la movilidad sostenible, la reforestación y el fomento de la economía circular.

- **Adaptación:** implica anticiparse a los impactos que ya son inevitables, adoptando medidas para reducir su vulnerabilidad. Esto incluye la gestión sostenible del agua, la protección de costas, la agricultura resiliente, el diseño urbano sostenible y los planes de emergencia climática.

La combinación de ambas estrategias es fundamental para lograr la neutralidad climática, equilibrio entre las emisiones generadas y las absorbidas, antes del año 2050, como establece la Ley de **Cambio Climático y Transición Energética española (2021) y el Pacto Verde Europeo**.

1.12.4. Respuesta internacional y compromiso ciudadano

El **Acuerdo de París (2015)** marcó un hito histórico al comprometer a casi todos los países del mundo a limitar el aumento de la temperatura global "muy por debajo de los 2 ºC" respecto a niveles preindustriales, con el objetivo ideal de no superar 1,5 ºC.

Cada país presenta sus **Planes Nacionales de Contribución Determinada (NDC)**, en los que se fijan metas de reducción de emisiones y políticas de adaptación. España y la Unión Europea han asumido el compromiso de **reducir al menos un 55 % de las emisiones para 2030** y alcanzar la neutralidad climática en 2050.

A nivel ciudadano, todos podemos contribuir mediante pequeñas acciones cotidianas que, sumadas, tienen un gran impacto:

- ⇨ Reducir el consumo energético y optar por energías renovables.
- ⇨ Desplazarse en transporte público, bicicleta o vehículo eléctrico.
- ⇨ Adoptar una **alimentación sostenible**, reduciendo el desperdicio y el consumo de carne.
- ⇨ Reciclar, reutilizar y comprar productos de proximidad.
- ⇨ Apoyar políticas y empresas comprometidas con el medio ambiente.

El cambio climático no es un problema ajeno ni futuro: ya está ocurriendo. Requiere una respuesta conjunta, basada en la cooperación internacional, la innovación tecnológica y la conciencia social.

1.12.5. Perspectiva de futuro

En 2025, la humanidad se enfrenta a una década decisiva. La ciencia, la educación ambiental y la responsabilidad individual y colectiva son las herramientas clave para evitar los peores escenarios. El futuro dependerá de las decisiones que se tomen hoy: avanzar hacia una **economía baja en carbono**, proteger los ecosistemas naturales y construir una sociedad más justa, resiliente y sostenible.

El cambio climático no es solo un desafío ambiental, sino también **una oportunidad para transformar nuestro modelo de desarrollo** hacia uno más equilibrado entre las personas, el planeta y la prosperidad.

2. Buenas Prácticas Ambientales en la Actividad Profesional Objeto de Formación

2.1. Uso de la Energía

La energía es un recurso esencial para el desarrollo económico y social, pero también una de las principales causas de impacto ambiental cuando se genera o se utiliza de forma ineficiente. El **uso racional de la energía** es, por tanto, una herramienta clave para reducir las emisiones de gases de efecto invernadero, mitigar el cambio climático y avanzar hacia un modelo productivo más sostenible.

El concepto de **eficiencia energética** se define como la relación entre la cantidad de energía consumida y los productos o servicios obtenidos con ella. Cuanta menos energía se necesite para realizar una misma tarea, mayor será la eficiencia. Esto implica consumir solo la energía necesaria, sin renunciar al confort o al rendimiento, y emplear tecnologías, hábitos y sistemas que reduzcan el desperdicio energético.

2.1.1. Importancia de la eficiencia energética

El ahorro y la eficiencia energética aportan beneficios en tres dimensiones:

- ⇨ **Ambiental:** disminuyen las emisiones de dióxido de carbono (CO□) y otros contaminantes atmosféricos responsables del cambio climático.
- ⇨ **Económica:** reducen los costes energéticos en hogares, empresas y administraciones.
- ⇨ **Social:** fomentan la innovación, crean empleo en sectores como las energías renovables, la rehabilitación energética o la movilidad sostenible, y mejoran la calidad de vida.

En el contexto actual, la **Unión Europea** promueve la eficiencia energética como un pilar de su Pacto Verde Europeo, cuyo objetivo es alcanzar la **neutralidad climática antes de 2050**. España, por su parte, aplica el **Plan Nacional Integrado de Energía y Clima (PNIEC 2021-2030)**, que busca reducir un 39,5 % el consumo de energía primaria y aumentar hasta un 42 % la participación de fuentes renovables en el consumo total.

2.1.2. Etiquetado energético y consumo responsable

Una de las herramientas más útiles para los consumidores es la **etiqueta energética europea**, un sistema obligatorio que clasifica los productos según su eficiencia y su impacto ambiental. Esta etiqueta, revisada en 2021, utiliza una escala de la **A (máxima eficiencia) a la G (menor eficiencia)** y muestra información sobre el consumo eléctrico, el ruido, la capacidad o el gasto de agua, según el tipo de aparato.

Se aplica a electrodomésticos como frigoríficos, lavadoras, lavavajillas, hornos, pantallas o equipos de climatización, que son responsables de gran parte del consumo energético en los hogares y empresas.

Elegir aparatos con la clasificación **A o B** puede reducir el gasto eléctrico hasta un 40 %, y si además se utilizan de forma eficiente, el ahorro económico y ambiental es todavía mayor.

2.1.3. Medidas de ahorro y eficiencia en el hogar

La eficiencia energética no depende únicamente de las tecnologías, sino también de nuestros hábitos cotidianos. Pequeños gestos repetidos cada día pueden traducirse en grandes resultados a largo plazo:

- ⇨ Aprovechar al máximo la **luz natural** y evitar dejar luces encendidas innecesariamente.
- ⇨ Sustituir las bombillas convencionales por **LED**, que consumen hasta un 80 % menos y duran más.
- ⇨ Pintar paredes y techos con colores claros para reflejar mejor la luz.
- ⇨ Aislar bien puertas y ventanas para conservar la temperatura interior, reduciendo la necesidad de calefacción o aire acondicionado.
- ⇨ Mantener los electrodomésticos en buen estado y **desenchufar** aquellos que no se estén utilizando.
- ⇨ Utilizar la **lavadora y el lavavajillas a carga completa**, y a baja temperatura siempre que sea posible.

- ⇨ Cocinar con **olla a presión** y tapar los recipientes durante la cocción para ahorrar energía.
- ⇨ Configurar los equipos informáticos en **modo de ahorro energético** y apagar monitores y routers fuera del horario de uso.
- ⇨ Evitar el consumo fantasma: incluso en modo "stand by", muchos aparatos siguen consumiendo electricidad.

Lograr la eficiencia energética en el hogar

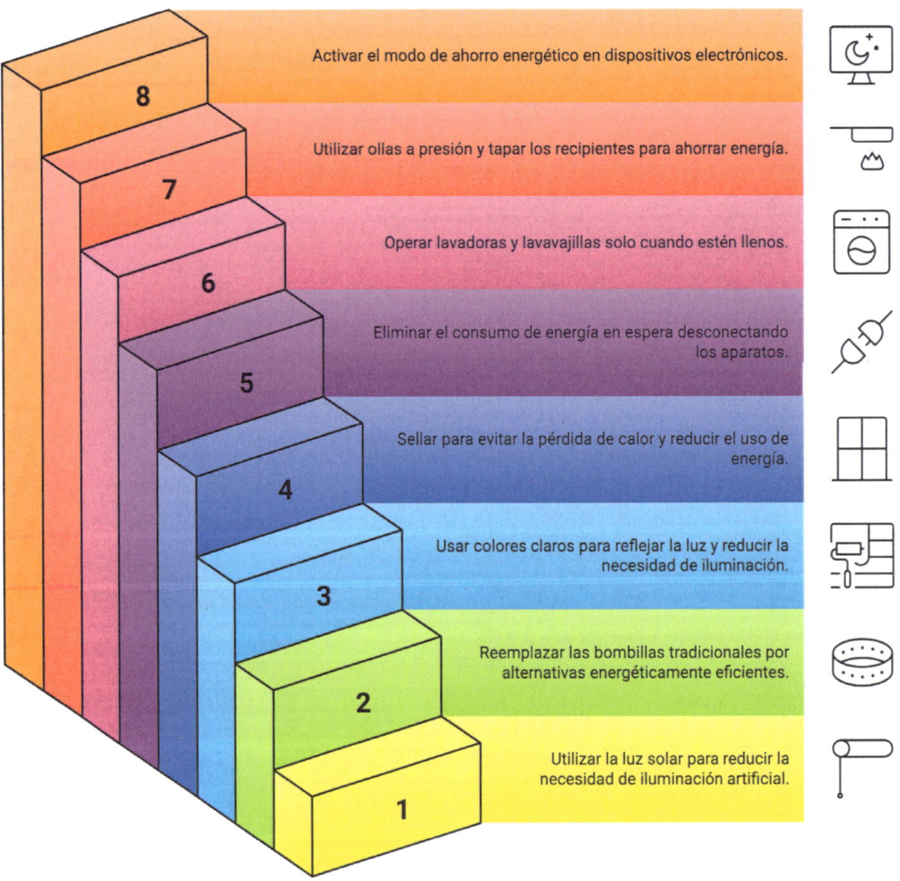

Estas medidas no solo reducen la factura eléctrica, sino que contribuyen directamente a disminuir las emisiones y a fomentar una cultura de sostenibilidad en el hogar.

2.1.4. Ahorro energético en empresas y entornos laborales

Las empresas, especialmente las del sector servicios y hostelería, tienen una gran oportunidad para mejorar su competitividad mediante la eficiencia energética. Un consumo responsable reduce costes operativos, mejora la imagen ambiental y cumple con las exigencias normativas europeas.

Entre las medidas más efectivas destacan:

- **Auditorías energéticas:** analizar los consumos para detectar pérdidas y establecer objetivos de reducción.
- **Mantenimiento preventivo** de maquinaria y sistemas de climatización, evitando sobreconsumos.
- Sustitución de equipos antiguos por otros con **tecnología de alta eficiencia** (bombas de calor, calderas de condensación, iluminación LED, sensores de presencia).
- **Automatización de sistemas eléctricos y térmicos**, con control por domótica o gestión inteligente.
- Uso de **energías renovables**, como paneles solares fotovoltaicos o térmicos, aerotermia o geotermia.
- Formación del personal y **campañas de sensibilización interna** sobre hábitos sostenibles (apagar luces, regular termostatos, aprovechar recursos).
- Integración de la **certificación energética de edificios** y el cumplimiento del Reglamento de Eficiencia Energética en Instalaciones de Alumbrado (REEIA).

El ahorro energético en la empresa no solo se traduce en menos emisiones y menor gasto, sino también en una mayor competitividad y responsabilidad corporativa.

2.1.5. Energías renovables y transición energética

La verdadera sostenibilidad pasa por sustituir progresivamente las fuentes de energía fósil por energías renovables, limpias y autóctonas. Estas incluyen la s**olar (térmica y fotovoltaica), la eólica, la hidráulica, la geotérmica y la biomasa**.

España es uno de los países europeos con **mayor potencial solar y eólico**, y las nuevas políticas energéticas impulsan la **generación distribuida**, es decir, la producción de energía en los propios hogares, comunidades o empresas mediante **autoconsumo fotovoltaico**.

Las **comunidades energéticas locales**, formadas por vecinos o pequeñas empresas, permiten compartir energía limpia, reducir costes y avanzar hacia la autosuficiencia energética. Esta transición no solo disminuye las emisiones, sino que también refuerza la soberanía energética y la economía local.

2.1.6. Cultura energética y responsabilidad ciudadana

El éxito de la transición energética depende tanto de las decisiones institucionales como del **compromiso de la ciudadanía**. Adoptar hábitos sostenibles, informarse sobre el consumo y participar en la economía verde son pasos esenciales hacia un modelo más equilibrado.

Pequeños gestos como elegir proveedores de energía verde, ajustar los termostatos a temperaturas razonables, evitar el despilfarro y promover una cultura del ahorro entre compañeros o familiares generan un impacto positivo real.

La energía más limpia es la que **no se consume innecesariamente**. La eficiencia energética es, en definitiva, una actitud: una forma de vivir y trabajar que combina bienestar, respeto ambiental y responsabilidad económica.

2.2. Uso del Agua

El agua es un recurso esencial para la vida y uno de los bienes más valiosos del planeta. Es indispensable para los ecosistemas naturales, la agricultura, la industria, la producción energética y el bienestar humano. Sin embargo, aunque la superficie terrestre está cubierta en más de dos tercios por agua, **menos del 1 % del total es dulce y accesible para el consumo humano**.

Esta escasez, unida al aumento de la población, el cambio climático y la contaminación, convierte al agua en un **recurso estratégico y limitado** que debe ser gestionado con criterios de sostenibilidad. En España, país con un clima mayoritariamente seco y una alta variabilidad de lluvias, el agua es especialmente vulnerable: las sequías recurrentes, la sobreexplotación de acuíferos y la contaminación de ríos y costas amenazan la disponibilidad de este recurso básico.

2.2.1. La importancia de un uso responsable

El agua es el pilar de todos los ecosistemas. Su calidad y disponibilidad determinan la salud de los ríos, lagos, humedales, mares y acuíferos, así como la supervivencia de miles de especies. Cuando este equilibrio se rompe, se altera también la vida humana: disminuye la productividad agrícola, aumentan las enfermedades vinculadas al agua y se agravan fenómenos como la desertificación y las inundaciones.

A escala global, según Naciones Unidas, más de **2.000 millones de personas carecen de acceso seguro al agua potable**, y cerca de la mitad de la población mundial experimenta escasez grave de agua al menos un mes al año. En España, la situación tampoco es ajena: el **Ministerio para la Transición Ecológica** advierte que los recursos hídricos disponibles se han reducido casi un **20 % en los últimos 25 años**, principalmente por la disminución de las precipitaciones y el aumento de las temperaturas.

Por todo ello, el uso **responsable del agua** es una cuestión de conciencia ambiental, pero también de justicia social y económica. Garantizar el acceso al agua para las generaciones futuras exige reducir el consumo, mejorar la eficiencia y evitar la contaminación de los recursos existentes.

2.2.2. Distribución del consumo de agua

El consumo mundial de agua se reparte de forma desigual entre los sectores productivos:

- ⇨ **Agricultura:** representa aproximadamente el 70-75 % del uso global del agua.
- ⇨ **Industria:** consume alrededor del 20 %, principalmente en procesos de refrigeración, limpieza y producción.
- ⇨ **Uso doméstico y urbano:** supone cerca del 10 %, aunque en áreas densamente pobladas este porcentaje es mucho mayor.

En España, la **agricultura de regadío** es el principal consumidor, seguida por la industria, el turismo y los hogares. De ahí la importancia de aplicar políticas de eficiencia y tecnologías de ahorro en todos los ámbitos.

2.2.3. Gestión eficiente y ahorro en el ámbito doméstico

El consumo doméstico de agua puede reducirse considerablemente mediante **buenas prácticas y pequeños gestos cotidianos**, sin renunciar al confort ni a la higiene. Algunas recomendaciones son:

- **Cerrar el grifo** mientras nos lavamos los dientes, nos afeitamos o enjabonamos las manos.
- **Reparar fugas** y goteos: una cisterna o un grifo que pierde agua puede desperdiciar cientos de litros al mes.
- **Ducharse en lugar de bañarse**, y utilizar grifos con aireadores o reductores de caudal.
- **Optimizar el uso de los electrodomésticos:** poner la lavadora y el lavavajillas a carga completa y con programas de bajo consumo.
- **Reutilizar el agua siempre que sea posible**, por ejemplo, para regar plantas o limpiar.
- Colocar una o dos botellas llenas de agua dentro de la **cisterna** para reducir su capacidad de descarga.
- **Regar de noche o al amanecer**, cuando la evaporación es menor.
- Limpiar patios o terrazas con **escoba** en lugar de manguera.
- Utilizar **plantas autóctonas o de bajo consumo hídrico** en jardines y terrazas.
- No utilizar el inodoro como papelera y evitar verter aceites o productos químicos al desagüe.

Estas medidas son sencillas, pero cuando se aplican de forma constante y colectiva generan un **impacto ambiental positivo muy significativo**.

2.2.4. Ahorro y gestión del agua en empresas y hostelería

En el entorno empresarial y, especialmente, en el sector de la **hostelería y restauración**, el agua es un recurso crítico tanto por su uso directo (limpieza, cocina, lavandería) como por el consumo indirecto asociado a servicios y mantenimiento.

Algunas estrategias para mejorar la eficiencia hídrica en las empresas incluyen:

- ⇨ **Instalar sistemas de recirculación y reutilización del agua** (por ejemplo, en lavavajillas industriales o torres de refrigeración).
- ⇨ Implementar **equipos de bajo consumo**, como grifos temporizados, reductores de caudal o cisternas de doble descarga.
- ⇨ Realizar **mantenimiento preventivo** de tuberías y equipos para evitar fugas y pérdidas.
- ⇨ Controlar el consumo mediante **contadores sectorizados** y auditorías periódicas.
- ⇨ Implementar **protocolos de limpieza sostenibles**, con productos biodegradables y técnicas de enjuague eficiente.
- ⇨ Formar y sensibilizar al personal sobre la importancia de ahorrar agua y de detectar incidencias.
- ⇨ Apostar por **certificaciones ambientale**s, como ISO 14001 o EMAS, que incluyen criterios de gestión eficiente del agua.

En los establecimientos hoteleros, la introducción de programas voluntarios de reutilización de toallas y sábanas, junto con la instalación de dispositivos ahorradores, puede reducir el consumo hasta en un 25 % sin afectar al servicio.

2.2.5. Agua, contaminación y economía circular

El agua no solo debe ahorrarse, sino también **protegerse de la contaminación**. Los vertidos industriales, el uso excesivo de fertilizantes y pesticidas, los residuos urbanos y los microplásticos deterioran gravemente la calidad de las aguas superficiales y subterráneas.

Una gestión sostenible implica avanzar hacia un modelo de **economía circular del agua**, en el que se prioricen la reducción, la reutilización y el reciclaje del recurso. Esto incluye el **tratamiento y depuración de aguas residuales**, el uso de aguas regeneradas para riego o limpieza urbana y la recuperación de nutrientes y energía durante los procesos de depuración.

La **Directiva Marco del Agua de la Unión Europea (2000/60/CE)** y los Planes Hidrológicos de Cuenca en España establecen los principios de esta gestión integrada, garantizando que el agua se utilice de forma equitativa, eficiente y respetuosa con el medio ambiente.

2.2.6. Educación y cultura del agua

La sostenibilidad hídrica no puede lograrse sin un cambio cultural. La educación ambiental desempeña un papel esencial en la creación de una **cultura del agua** basada en la responsabilidad y el respeto.

Comprender que cada litro cuenta, que el agua es un bien común y que su escasez afecta a todos los ámbitos -salud, economía, biodiversidad- nos impulsa a actuar de manera más consciente. Promover este conocimiento desde la escuela, las empresas y las administraciones es fundamental para construir una ciudadanía comprometida con el uso racional del agua.

El agua es vida, pero también es **equilibrio, justicia y futuro**. Su gestión responsable es un deber compartido entre gobiernos, empresas y ciudadanos. En un planeta donde la crisis climática intensifica las sequías y los fenómenos extremos, cada gota cuenta.

Adoptar hábitos sostenibles, invertir en tecnologías eficientes y fomentar la educación ambiental son pasos imprescindibles para asegurar que las generaciones futuras puedan disfrutar de un recurso tan valioso como imprescindible.

2.3. Uso de los Residuos: La Regla de las Tres "R"

La **gestión de los residuos** es uno de los mayores retos medioambientales de nuestro tiempo. El crecimiento de la población, el consumo masivo y el uso intensivo de materiales de un solo uso han provocado un aumento constante en la generación de basura, especialmente en las zonas urbanas. Cada persona produce al día entre **1 y 2 kilos de residuos**, gran parte de los cuales podrían evitarse, reutilizarse o reciclarse con una adecuada planificación.

El **residuo más limpio es el que no se genera**, por lo que el primer paso hacia una gestión sostenible es reducir el consumo innecesario. Todo producto que adquirimos requiere materias primas, energía y transporte; por tanto, consumir de manera responsable supone un ahorro de recursos naturales, de emisiones contaminantes y de dinero.

En la actualidad, el modelo económico tradicional -basado en "producir, usar y tirar"- está siendo reemplazado por el concepto de **economía circular**, que busca mantener los recursos en uso el mayor tiempo posible, evitando el desperdicio y fomentando la regeneración de los ecosistemas.

2.3.1. La Ley de las Tres R: Reducir, Reutilizar y Reciclar

La **regla de las tres R** resume la jerarquía de gestión sostenible de los residuos, priorizando las acciones que tienen menor impacto ambiental.

- **Reducir:** Es la primera y más importante de las tres R. Significa **minimizar la cantidad de residuos generados**, evitando el consumo innecesario y el uso de productos desechables.

Reducir implica reflexionar antes de comprar, optar por productos duraderos, de calidad y fabricados con criterios ecológicos, y disminuir el uso de envases, embalajes o energía.

Consejos para reducir residuos

Comprar solo lo necesario
Preferir artículos con menor envoltorio.

Evitar productos de un solo uso
Evitar cubiertos, pajitas o vasos de plástico.

Apostar por envases retornables
Elegir formatos familiares que generan menos residuos.

Elegir proveedores sostenibles
Proveedores que trabajen con materiales reciclados o biodegradables.

Ejemplos prácticos:

- ⇨ Comprar solo lo necesario y preferir artículos con menor envoltorio.
- ⇨ Evitar los productos de un solo uso, como cubiertos, pajitas o vasos de plástico.
- ⇨ Apostar por envases retornables y formatos familiares que generan menos residuos por unidad.

- ⇨ Elegir proveedores que trabajen con materiales reciclados o biodegradables.

Reducir también es un principio aplicable a la **energía y el agua**: cada reducción de consumo disminuye indirectamente la generación de residuos derivados de la producción energética o de la depuración de aguas.

- ♦ **Reutilizar:** La segunda R nos invita a volver a usar los objetos o materiales antes de desecharlos, prolongando su vida útil. Reutilizar no solo reduce residuos, sino que también disminuye la necesidad de producir nuevos productos y, por tanto, de extraer materias primas.

Prácticas de reutilización

Ejemplos:

- ⇨ Dar una segunda vida a muebles, textiles o aparatos mediante la reparación o la restauración.
- ⇨ Reutilizar envases de vidrio, bolsas de tela, botellas rellenables o frascos para almacenar alimentos.
- ⇨ Fomentar el intercambio, la donación o la venta de artículos en buen estado en lugar de tirarlos.
- ⇨ En el ámbito empresarial, diseñar productos que puedan desmontarse y repararse fácilmente, facilitando su mantenimiento.

- ⇨ La reutilización fomenta además una cultura de consumo responsable, donde se prioriza el valor de uso frente al valor de reemplazo.

- ♦ **Reciclar:** Reciclar consiste en **transformar los residuos en nuevos materiales** o productos mediante procesos industriales o artesanales. Esta práctica ahorra energía, materias primas y espacio en los vertederos.Los materiales más comunes que se reciclan son el papel y cartón, el vidrio, los plásticos, los metales y los residuos orgánicos.El reciclaje requiere la **colaboración ciudadana en la separación en origen** de los residuos:

  - ⇨ Contenedor **azul**: papel y cartón.
  - ⇨ Contenedor **amarillo**: envases de plástico, latas y briks.
  - ⇨ Contenedor **verde**: vidrio.
  - ⇨ Contenedor **marrón**: residuos orgánicos y restos biodegradables.
  - ⇨ Contenedor **gris o negro**: resto no reciclable.También existen puntos limpios y sistemas de recogida específicos para pilas, aparatos eléctricos, aceites usados, medicamentos o textiles.

El reciclaje forma parte de la **responsabilidad ambiental compartida entre consumidores, administraciones y empresas**, y debe considerarse una oportunidad para crear empleo verde y avanzar hacia una economía más circular y eficiente.

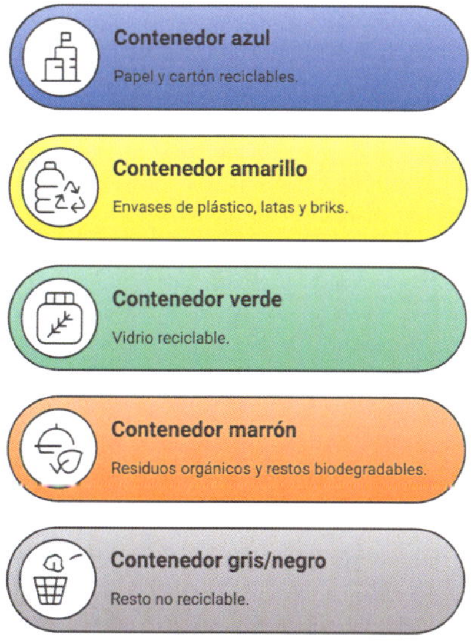

2.3.2. Buenas prácticas para reducir los residuos

La aplicación de las tres R puede integrarse tanto en la vida cotidiana como en la actividad empresarial.

Algunas prácticas sostenibles recomendadas son:

⇨ **Comprar productos con menor embalaje** y evitar los envoltorios innecesarios, especialmente los de plástico y poliestireno (corcho blanco).

⇨ **Llevar bolsas reutilizables** o de tela al hacer la compra.

⇨ Adquirir alimentos a granel o en envases grandes y reciclables (preferentemente de vidrio o cartón).

⇨ Sustituir el papel de aluminio y plástico por **envoltorios de cera vegetal o recipientes reutilizables**.

⇨ **Rechazar la publicidad impresa** o el exceso de folletos que llegan al buzón.

⇨ Depositar los **medicamentos caducados** en los puntos SIGRE de las farmacias.

⇨ Evitar el uso de d**etergentes con fosfatos o productos químicos agresivos**; optar por limpiadores ecológicos o caseros.

⇨ Sustituir los **ambientadores artificiales** por ventilación natural o plantas aromáticas.

⇨ Elegir **pilas recargables** y gestionar correctamente las pilas usadas.

⇨ Formar e implicar a los **trabajadores y clientes** en programas de reducción de residuos.

⇨ Analizar los **métodos de envasado** en la empresa y trabajar con proveedores para reducir materiales y envases innecesarios.

⇨ Favorecer el uso de **productos biodegradables y compostables** (vajilla ecológica, envases de caña de azúcar o almidón de maíz).

2.3.3. Economía circular y responsabilidad empresarial

En 2025, las políticas europeas y nacionales apuestan por **la economía circular**, un modelo productivo en el que los residuos se transforman en recursos. La **Estrategia Española de Economía Circular "España Circular 2030"** busca reducir un 30 % el consumo de materiales y un 15 % la generación de residuos respecto a 2010.

Para las empresas, esto significa adoptar medidas como:

- ⇨ Ecodiseño de productos (fáciles de reparar, desmontar o reciclar).
- ⇨ Uso de materiales reciclados en la fabricación.
- ⇨ Reutilización del agua y aprovechamiento de subproductos.
- ⇨ Implantación de sistemas de logística inversa (devolución de envases, recuperación de materiales).
- ⇨ Certificaciones ambientales (ISO 14001, EMAS, Ecolabel).

En sectores como la **hostelería**, la gestión de residuos es especialmente importante: reducir el desperdicio alimentario, sustituir envases de plástico por materiales compostables, reciclar aceites usados y minimizar los residuos orgánicos mediante compostaje o donaciones de excedentes son ejemplos de buenas prácticas sostenibles y éticamente responsables.

2.3.4. Educación ambiental y participación ciudadana

El éxito de las tres R depende, en última instancia, del compromiso de cada persona. La **educación ambiental** debe fomentar valores de respeto, austeridad y corresponsabilidad, haciendo comprender que cada decisión de compra o consumo tiene un impacto directo sobre el planeta.

Las administraciones locales, los centros educativos y las empresas pueden desempeñar un papel clave en la difusión de buenas prácticas mediante campañas, talleres y programas de concienciación. Pequeñas acciones individuales -como separar correctamente los residuos o reparar en lugar de desechar- son los cimientos de una transformación colectiva hacia una sociedad más sostenible.

RESUMEN

El presente tema aborda de forma integral los principales conceptos y desafíos relacionados con el medio ambiente, ofreciendo una panorámica completa sobre los fundamentos ecológicos, las problemáticas ambientales actuales y las buenas prácticas sostenibles en el ámbito profesional y personal.

1. Medio ambiente y ecosistemas

El medio ambiente es el conjunto de factores naturales, sociales y culturales que rodean a los seres vivos y que determinan sus condiciones de existencia. Incluye elementos abióticos como el agua, el aire y el clima, así como componentes bióticos como animales, plantas y microorganismos. Esta interrelación genera sistemas complejos donde la biodiversidad y la acción humana coexisten en un equilibrio frágil. La biosfera, donde se desarrolla la vida, está formada por la litosfera, la hidrosfera y la atmósfera, cuyos equilibrios permiten la existencia de los ecosistemas.

Un ecosistema es una unidad funcional donde interactúan seres vivos y el medio físico, con un flujo constante de energía y materia, siendo el sol la fuente energética principal. Los ecosistemas pueden clasificarse en acuáticos o terrestres, y en tiempos recientes, también se consideran los ecosistemas urbanos y agrícolas debido a su fuerte intervención humana. Su equilibrio depende de su capacidad de autorregulación, lo cual puede verse seriamente comprometido por la actividad humana.

2. Flora, fauna y biodiversidad

La flora y la fauna son componentes fundamentales de los ecosistemas. Las plantas, además de ser fuente de oxígeno y alimento, actúan como estabilizadores del suelo y el clima. Su protección es esencial en la lucha contra el cambio climático. La fauna, por su parte, cumple roles clave en la cadena trófica y en la regulación ecológica. La pérdida de hábitats y la contaminación amenazan seriamente su supervivencia. Diversas instituciones internacionales promueven políticas de conservación y restauración ecológica, entendiendo la biodiversidad como un patrimonio esencial para la humanidad.

La biodiversidad, entendida como la variedad de vida en la Tierra, incluye la diversidad genética, de especies y de ecosistemas. Esta riqueza biológica es el resultado de millones de años de evolución, y es esencial para el equilibrio del planeta, ya que proporciona recursos vitales como alimentos, medicinas y servicios ecosistémicos. No obstante, se enfrenta a amenazas severas como la destrucción de hábitats, el cambio climático, la contaminación y la sobreexplotación de recursos.

3. Ecología y sucesión ecológica

La ecología es la ciencia que estudia las interrelaciones entre los organismos y su entorno, y se ha consolidado como un campo esencial para abordar problemas ambientales contemporáneos como el calentamiento global o la pérdida de biodiversidad. Esta disciplina permite establecer modelos sostenibles de gestión y conservación.

Dentro de este marco, la sucesión ecológica explica cómo los ecosistemas evolucionan con el tiempo, pasando por distintas etapas hasta alcanzar un estado de equilibrio conocido como clímax ecológico. Este proceso puede ser primario o secundario, y refleja la capacidad regeneradora de la naturaleza frente a alteraciones tanto naturales como antrópicas.

4. Desarrollo sostenible e impacto ambiental

El desarrollo sostenible se define como aquel que busca satisfacer las necesidades del presente sin comprometer los recursos de las futuras generaciones. Este paradigma se sostiene en tres pilares: el ambiental, el social y el económico. La Agenda 2030 de las Naciones Unidas con sus 17 Objetivos de Desarrollo Sostenible busca operacionalizar este modelo, promoviendo acciones concretas en todo el planeta.

El impacto ambiental, en tanto, se refiere a las alteraciones que las actividades humanas provocan sobre el entorno. Para gestionarlo, se recurre a herramientas como la Evaluación de Impacto Ambiental (EIA), que permite prever y mitigar efectos negativos sobre el medio ambiente, favoreciendo así un desarrollo compatible con la sostenibilidad.

5. Deforestación y desertificación

La deforestación, provocada principalmente por la actividad humana, destruye ecosistemas forestales esenciales para la regulación climática y la conservación de la biodiversidad. Este fenómeno agrava el cambio climático y la erosión del suelo. Frente a ello, se han implementado políticas de reforestación y certificación forestal sostenible.

Por otro lado, la desertificación representa la degradación progresiva de los suelos fértiles, transformándolos en tierras improductivas. Es un problema crítico en zonas áridas y semiáridas como el sureste español. Las causas incluyen el mal uso del suelo, la deforestación, la escasez de agua y el cambio climático. Se requiere una gestión territorial cuidadosa, restauración ecológica y agricultura regenerativa para hacer frente a este fenómeno.

6. Cambio climático: causas, efectos y soluciones

El cambio climático es uno de los desafíos más graves y urgentes del siglo XXI. Su origen está ligado, principalmente, a las emisiones de gases de efecto invernadero (GEI) derivados de la actividad humana, especialmente desde la Revolución Industrial. Estos gases alteran el efecto invernadero natural, provocando un calentamiento global progresivo.

Entre los efectos más notorios del cambio climático se encuentran el aumento de las temperaturas, fenómenos meteorológicos extremos, el derretimiento de los polos, el aumento del nivel del mar, la pérdida de biodiversidad y consecuencias graves sobre la agricultura, la salud y las infraestructuras. La comunidad científica ha advertido que superar los 1,5 °C de aumento supondría riesgos irreversibles para los sistemas naturales y humanos.

Las respuestas frente al cambio climático se agrupan en dos grandes estrategias: mitigación y adaptación. La mitigación busca reducir las emisiones y aumentar los sumideros de carbono; la adaptación, por su parte, propone medidas para reducir la vulnerabilidad ante impactos ya inevitables. A nivel internacional, el Acuerdo de París representa el compromiso más relevante para limitar el calentamiento global.

A nivel ciudadano, el cambio comienza por pequeñas acciones: ahorro energético, transporte sostenible, consumo responsable y apoyo a políticas verdes. El futuro climático del planeta depende en gran medida de la conciencia colectiva y de las decisiones que se tomen hoy.

7. Buenas prácticas ambientales en la actividad profesional

Una parte importante del documento se centra en cómo integrar la sostenibilidad en el ámbito profesional, destacando prácticas responsables en tres áreas clave: energía, agua y residuos.

- Uso de la energía

  La eficiencia energética es crucial para reducir el impacto ambiental de las actividades humanas. Consiste en optimizar el consumo de energía sin sacrificar confort ni rendimiento.

  La implementación de tecnologías eficientes, el uso de energías renovables, y el cambio de hábitos pueden generar importantes beneficios ambientales, económicos y sociales.

  El etiquetado energético europeo facilita el consumo responsable, y medidas como el aislamiento térmico, el uso de electrodomésticos eficientes y el apagado de equipos en desuso son claves tanto en hogares como en empresas.

- Uso del agua

  El agua es un recurso escaso y esencial, cuya gestión debe ser eficiente y equitativa. En España, la disminución de precipitaciones y el aumento de la demanda hacen urgente un uso racional. En el ámbito doméstico, cerrar grifos, evitar fugas, reutilizar aguas y regar en horarios adecuados son ejemplos de buenas prácticas.

  Las empresas también pueden optimizar su consumo mediante tecnologías de recirculación, mantenimiento de infraestructuras y formación del personal. El enfoque de economía circular en el uso del agua incluye la depuración, reutilización y protección de acuíferos y aguas superficiales.

- Gestión de residuos y la regla de las 3 R

  La gestión de residuos es otra área crítica. Reducir, reutilizar y reciclar constituyen la jerarquía básica para disminuir el impacto de los desechos. Se promueve el consumo consciente, la reparación de objetos, la separación de residuos y el reciclaje, que permiten ahorrar recursos y generar empleo verde. Las empresas deben revisar sus procesos, minimizar los residuos generados y adoptar sistemas de economía circular. La educación ambiental y la participación ciudadana son elementos clave para transformar los hábitos individuales y colectivos en favor de un entorno más saludable.

El documento subraya que la sensibilización medioambiental no es una opción, sino una necesidad imperiosa en un mundo cada vez más presionado por los efectos de la crisis climática y ecológica. La protección del medio ambiente requiere una visión integradora, donde la ciencia, la ética, la política y la ciudadanía trabajen de forma conjunta. La educación ambiental, las buenas prácticas profesionales y el compromiso individual son los pilares sobre los que debe construirse una sociedad sostenible.

Frente a un futuro incierto, se abre también una oportunidad: la de repensar nuestro modelo de desarrollo, reconectarnos con la naturaleza y construir un planeta más justo, resiliente y habitable. La sostenibilidad no es solo un ideal, sino una forma de vida.

AUTOEVALUACIÓN

1. ¿Qué es el medio ambiente?

   A. El conjunto de edificios y calles de una ciudad
   B. Solo la naturaleza sin intervención humana
   C. El lugar donde se realizan actividades económicas
   D. El conjunto de elementos naturales, sociales y culturales que rodean a los seres vivos

2. ¿Cuál de los siguientes elementos forma parte de un ecosistema?

   E. Solo los animales salvajes
   F. El Sol únicamente
   G. La interacción entre organismos y el medio físico
   H. Únicamente las plantas y el agua

3. ¿Qué gas de efecto invernadero se libera principalmente por la ganadería intensiva?

   A. Dióxido de carbono (CO□)
   B. Ozono (O□)
   C. Metano (CH□)
   D. Vapor de agua (H□O)

4. ¿Cuál es el objetivo del desarrollo sostenible según el Informe Brundtland (1987)?

   A. Reducir la actividad económica mundial
   B. Alcanzar el crecimiento sin límites
   C. Satisfacer las necesidades presentes sin comprometer a las futuras generaciones
   D. Sustituir todos los combustibles fósiles por energía nuclear

5. ¿Qué representa la sucesión ecológica secundaria?

   A. El primer momento en el que aparece vida en el planeta
   B. Un ecosistema en equilibrio absoluto
   C. La colonización de espacios donde nunca hubo vida
   D. La recuperación de un ecosistema tras una alteración

6. ¿Cuál es el principal consumidor de agua a nivel global?

   A. Industria
   B. Uso doméstico
   C. Agricultura
   D. Turismo

7. ¿Qué indica la etiqueta energética clase A en un electrodoméstico?

   A. Que es antiguo
   B. Que tiene el mayor consumo
   C. Que es el menos eficiente del mercado
   D. Que tiene alta eficiencia energética

8. ¿Qué acción pertenece a la regla de las tres "R"?

   A. Quemar residuos orgánicos
   B. Tirar objetos viejos al contenedor gris
   C. Utilizar bolsas reutilizables en lugar de plásticas
   D. Comprar más productos empaquetados

9. ¿Cuál de los siguientes efectos es consecuencia del cambio climático?

   A. Reducción del nivel del mar
   B. Menores periodos de sequía
   C. Desaparición de especies y pérdida de biodiversidad
   D. Estabilidad climática

10. ¿Cuál de las siguientes opciones es una medida de mitigación del cambio climático?

   A. Construcción de presas para regular el agua
   B. Aumento del uso de combustibles fósiles
   C. Reforestación y uso de energías renovables
   D. Expansión urbana sin planificación

UNIDAD

1.3. Sensibilización en la Igualdad de Género

Contenido de la Unidad

ICB
EDITORES

1. Igualdad Legal e Igualdad Efectiva

El principio de **igualdad entre mujeres y hombres** constituye uno de los valores esenciales de cualquier sociedad democrática avanzada. Sin embargo, la igualdad real todavía enfrenta obstáculos estructurales, culturales y económicos que impiden que este derecho constitucional se traduzca plenamente en la vida cotidiana.

Desde el punto de vista jurídico, la igualdad está garantizada por la **Constitución Española de 1978**, cuyo **artículo 14** establece que *"los españoles son iguales ante la ley, sin que pueda prevalecer discriminación alguna por razón de nacimiento, raza, sexo, religión, opinión o cualquier otra condición o circunstancia personal o social"*. Esta afirmación supone el reconocimiento formal de la igualdad de derechos, pero no asegura necesariamente su **efectividad práctica**.

La **igualdad legal** es, por tanto, el punto de partida: todos los ciudadanos tienen los mismos derechos y obligaciones reconocidos por la ley. Pero la igualdad efectiva -la que garantiza que mujeres y hombres puedan ejercer esos derechos en las mismas condiciones reales- requiere un esfuerzo social, institucional y político sostenido.

En la práctica, las mujeres siguen enfrentándose a **brechas estructurales** como la desigualdad salarial, la segregación profesional, las dificultades de conciliación, la escasa representación en los puestos de poder o la persistencia de estereotipos de género. Estas desigualdades no se deben a una falta de leyes, sino a factores culturales, económicos y organizativos que perpetúan roles tradicionales y limitan el pleno desarrollo personal y profesional de las mujeres.

1.1. Fundamentos, políticas y desafíos para la igualdad real

1.1.1. La igualdad en la Constitución Española

La Constitución consagra el principio de igualdad en varios artículos fundamentales:

- ⇨ **Artículo 1.1:** define la igualdad como valor superior del ordenamiento jurídico, junto con la libertad, la justicia y el pluralismo político.

- ⇨ **Artículo 9.2:** impone a los poderes públicos la obligación de "promover las condiciones para que la libertad y la igualdad del individuo y de los grupos en que se integra sean reales y efectivas, removiendo los obstáculos que impidan o dificulten su plenitud". Este artículo permite la adopción de acciones positivas, es decir, medidas específicas destinadas a compensar desigualdades existentes.
- ⇨ **Artículo 10:** reconoce la dignidad de la persona y el libre desarrollo de la personalidad como fundamentos del orden jurídico.
- ⇨ **Artículo 23.2:** garantiza el acceso a cargos y funciones públicas en condiciones de igualdad.
- ⇨ **Artículo 31.1:** prohíbe la discriminación en los deberes fiscales.
- ⇨ **Artículo 32:** establece la igualdad en el matrimonio y en las relaciones familiares.
- ⇨ **Artículo 35.1:** reconoce el derecho al trabajo y a una remuneración suficiente, prohibiendo expresamente la discriminación por razón de sexo.
- ⇨ **Artículo 39.2:** garantiza la igualdad de todos los hijos e hijas ante la ley, con independencia de su filiación.

Estos preceptos sientan las bases legales para desarrollar políticas públicas que promuevan la **igualdad de oportunidades** y la eliminación de toda forma de discriminación.

1.1.2. Igualdad legal vs. igualdad real

La **igualdad legal** implica que hombres y mujeres tienen el mismo reconocimiento de derechos en las leyes. No obstante, en la práctica social persisten desigualdades derivadas de **roles culturales y estereotipos de género** que asignan a mujeres y hombres funciones diferentes en el ámbito laboral, familiar o político.

Por ejemplo, aunque no existen impedimentos legales para que las mujeres accedan a cargos de dirección o a profesiones tradicionalmente masculinas, la realidad demuestra que todavía existen **techos de cristal** -barreras invisibles que dificultan su promoción- y **suelos pegajosos** que las mantienen en posiciones de menor responsabilidad.

La igualdad real requiere, por tanto, **cambios estructurales y culturales**: eliminar prejuicios, fomentar la corresponsabilidad en el hogar, garantizar el derecho a la conciliación y erradicar la violencia y el acoso por razón de sexo.

1.1.3. Discriminación directa e indirecta

Para entender las desigualdades, es fundamental distinguir entre dos tipos de discriminación:

- ⇨ **Discriminación directa:** ocurre cuando una persona recibe un trato menos favorable que otra en una situación comparable por motivos de sexo. Por ejemplo, pagar menos salario a una mujer que realiza el mismo trabajo que un hombre.
- ⇨ **Discriminación indirecta:** se produce cuando una norma o práctica aparentemente neutra coloca a las personas de un sexo en desventaja respecto al otro. Por ejemplo, establecer horarios rígidos incompatibles con las tareas de cuidado, que recaen mayoritariamente en las mujeres.

Ambas formas de discriminación son ilegales y vulneran los derechos fundamentales reconocidos por la Constitución y la legislación laboral.

Tipos de discriminación

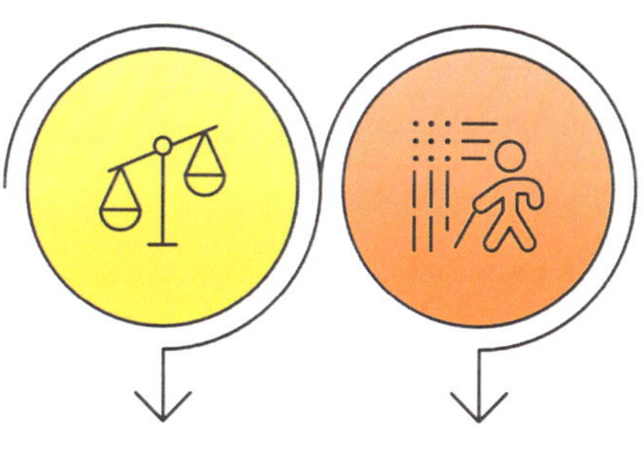

1.1.4. Políticas de igualdad: específicas y transversales

Los poderes públicos, en virtud del artículo 9.2 de la Constitución, tienen el deber de **garantizar la igualdad** realmediante políticas activas. Estas políticas se desarrollan en dos niveles complementarios:

- ⇨ **Políticas específicas o sectoriales:** son medidas directas destinadas a corregir desigualdades concretas que afectan a las mujeres, como los programas de empleo femenino, incentivos a la contratación, planes de formación o ayudas para la conciliación. Estas políticas fueron las primeras en implementarse y son conocidas como las políticas de igualdad "tradicionales".

- ⇨ **Políticas transversales o de mainstreaming de género:** consisten en integrar la perspectiva de género en todas las políticas públicas y privadas, de forma que la igualdad sea un criterio presente en la educación, la sanidad, la economía, el urbanismo, la cultura, etc. No se trata de una política aislada, sino de una visión global que impregna toda la acción institucional.

El **objetivo común** de ambas líneas es **garantizar la igualdad de oportunidades y de trato** en todos los ámbitos de la vida social, política y económica.

1.1.5. Marco normativo y avances recientes

España es uno de los países de la Unión Europea con una legislación más avanzada en materia de igualdad. Entre las normas más relevantes destacan:

- ⇨ **Ley Orgánica 3/2007, de 22 de marzo, para la igualdad efectiva de mujeres y hombres**, que establece los principios generales de actuación, las medidas contra la discriminación y la obligación de elaborar planes de igualdad en empresas y administraciones.

- ⇨ **Ley Orgánica 1/2004, de medidas de protección integral contra la violencia de género**, que reconoce la violencia machista como una violación de los derechos humanos y articula medidas preventivas, educativas, judiciales y sociales.

- ⇨ **Real Decreto 901/2020 y 902/2020**, que regulan los planes de igualdad en las empresas y la igualdad retributiva entre mujeres y hombres, obligando a las compañías de más de 50 trabajadores a disponer de un plan de igualdad registrado.
- ⇨ **Ley 4/2023**, para la igualdad real y efectiva de las personas trans y para la garantía de los derechos LGTBI, que amplía la protección frente a la discriminación por identidad de género y orientación sexual.

A nivel europeo, el **Pilar Europeo de Derechos Sociales y la Estrategia para la Igualdad de Género 2020-2025** impulsan políticas comunes para eliminar la brecha salarial, fomentar la conciliación corresponsable y garantizar la representación equilibrada de mujeres y hombres en todos los niveles de decisión.

1.1.6. El papel de la sociedad y las empresas

La igualdad efectiva no depende solo de las leyes, sino de la **implicación social y empresarial**. Las empresas tienen un papel clave en la eliminación de la desigualdad laboral y deben integrar la perspectiva de género en todas sus políticas:

- ⇨ Promover la **igualdad salarial** y la **transparencia retributiva**.
- ⇨ Implantar **planes de igualdad** con medidas de conciliación, formación y promoción equitativa.
- ⇨ Garantizar entornos laborales libres de acoso y discriminación.
- ⇨ Fomentar la **corresponsabilidad** en el cuidado familiar y el trabajo flexible.

En la administración pública, los planes de igualdad deben acompañarse de **presupuestos con perspectiva de género** y de mecanismos de seguimiento y evaluación que permitan medir los avances.

1.1.7. Hacia una igualdad real y transformadora

La **igualdad efectiva** implica un cambio cultural profundo. No se trata solo de garantizar derechos, sino de transformar mentalidades, superar estereotipos y promover la participación equitativa de mujeres y hombres en todos los ámbitos de la sociedad.

Para alcanzar este objetivo, es necesario:

- ⇨ **Educar en igualdad desde la infancia**, promoviendo el respeto, la corresponsabilidad y la diversidad.
- ⇨ Impulsar una **cultura empresarial inclusiva**, que valore el talento sin sesgos de género.
- ⇨ Visibilizar el liderazgo femenino y eliminar las barreras simbólicas que limitan la presencia de las mujeres en la ciencia, la tecnología, la política o la cultura.
- ⇨ Fomentar la **coeducación y la sensibilización social** como herramientas de prevención de la violencia y la discriminación.

1.2. Políticas Específicas de Género

Las **políticas específicas de igualdad** surgen del reconocimiento de una realidad histórica: las mujeres han sufrido desigualdades estructurales derivadas de una organización social basada en la división sexual del trabajo, la infravaloración del cuidado y la consideración de "lo masculino" como la norma universal.

Estas políticas parten de la premisa de que, para lograr una igualdad real y efectiva, es necesario corregir los **desequilibrios existentes mediante acciones concretas y compensatorias** que eliminen los obstáculos que impiden a las mujeres ejercer plenamente sus derechos. No se trata solo de garantizar la igualdad formal -ya reconocida por la ley-, sino de transformar las condiciones sociales, económicas y culturales que perpetúan la desigualdad.

1.2.1. Naturaleza y objetivos de las políticas específicas

Las políticas de género de carácter específico se centran en **actuar directamente sobre las desigualdades detectadas**. Sus objetivos principales son:

- ⇨ Promover el **acceso equitativo de mujeres y hombres a los recursos**, la educación, el empleo y la toma de decisiones.
- ⇨ Eliminar la **discriminación estructural y simbólica** presente en las instituciones, los medios y las relaciones sociales.

- ⇨ Garantizar la **autonomía personal, económica y social** de las mujeres.

- ⇨ Prevenir y erradicar todas las formas de **violencia de género**.

- ⇨ Promover la **corresponsabilidad en los cuidados** y la conciliación de la vida personal, familiar y laboral.

Estas políticas no buscan “favorecer” a un sexo sobre otro, sino **equilibrar un punto de partida desigual** y crear condiciones reales para el ejercicio de la libertad y la igualdad.

1.2.2. Efectos y avances logrados

A lo largo de las últimas décadas, las políticas específicas han contribuido a:

- ⇨ Mejorar el **conocimiento y la visibilidad de la situación real de las mujeres** en todos los ámbitos sociales.

- ⇨ Facilitar su **incorporación al trabajo remunerado**, reduciendo la brecha de participación laboral.

- ⇨ **Sensibilizar a la sociedad** sobre la desigualdad y la violencia de género.

- ⇨ **Impulsar cambios normativos** y la creación de organismos especializados.

- ⇨ Desarrollar **metodologías de intervención social** aplicables a otros grupos vulnerables (personas con discapacidad, migrantes, etc.).

- ⇨ Fomentar **espacios de reflexión y participación** sobre los roles y estereotipos de género.

No obstante, las desigualdades persisten, especialmente en lo referente a la brecha salarial, la infrarrepresentación femenina en puestos de liderazgo y la distribución desigual del trabajo doméstico y de cuidados, ámbitos donde las políticas de igualdad siguen siendo imprescindibles.

1.2.3. El Instituto de la Mujer: punto de partida institucional

El desarrollo de las políticas públicas de igualdad en España se consolidó en 1983 con la creación del **Instituto de la Mujer**, mediante la **Ley 16/1983, de 24 de octubre**. Este organismo autónomo marcó el inicio de la política activa de igualdad a nivel estatal.

Su creación supuso la institucionalización del compromiso público con la igualdad entre mujeres y hombres, permitiendo el diseño de programas, la recopilación de datos sobre desigualdad y la coordinación de acciones entre administraciones. Actualmente, el Instituto de las Mujeres -nombre actualizado del organismo- forma parte del Ministerio de Igualdad y actúa como motor técnico y científico de las políticas de género en España.

1.2.4. Legislación clave: avances normativos

Las políticas específicas se materializan en leyes que buscan corregir desigualdades concretas y proteger los derechos de las mujeres. Una de las más relevantes y pioneras a nivel internacional es la:

Ley Orgánica 1/2004, de 28 de diciembre, de Medidas de Protección Integral contra la Violencia de Género

Esta ley supuso un cambio estructural en el abordaje de la violencia machista, al considerarla una violación de los derechos humanos y no un problema privado. Se articula en torno a tres grandes ejes: prevención, protección y reparación.

- **Medidas de apoyo a las víctimas**
  - ⇨ Derecho a la **reducción de jornada laboral**, movilidad geográfica o suspensión del contrato con reserva del puesto, manteniendo la cotización efectiva a la Seguridad Social.
  - ⇨ **Programas de reinserción laboral y formación profesional** para favorecer la autonomía económica.
  - ⇨ **Prioridad en el acceso** a viviendas de protección pública y ayudas sociales.
  - ⇨ **Bonificaciones e incentivos** a las empresas que contraten a mujeres víctimas.

- ⇨ Creación de **centros de recuperación integral**, que ofrecen asistencia psicológica, social, educativa y jurídica.

- ♦ **Medidas en el ámbito judicial**
  - ⇨ Creación de **Juzgados de Violencia sobre la Mujer**, con competencias civiles y penales.
  - ⇨ Designación de un **Fiscal de Sala contra la Violencia sobre la Mujer**, encargado de coordinar las actuaciones del Ministerio Fiscal.
  - ⇨ Endurecimiento de las penas para delitos de lesiones, amenazas y coacciones cometidos en el ámbito familiar.
  - ⇨ **Suspensión del régimen de visitas del agresor** cuando exista riesgo para los hijos e hijas.
  - ⇨ Derecho a **asistencia jurídica gratuita** y a la representación procesal especializada.

- ♦ **Educación, sensibilización y sanidad**
  - ⇨ Inclusión de la **educación en igualdad y contra la violencia de género** en el currículo educativo.
  - ⇨ Incorporación de **coordinadores o responsables de igualdad** en los centros educativos.
  - ⇨ Formación específica del **personal sanitario y educativo** para la detección precoz de la violencia.
  - ⇨ Creación del **Observatorio Estatal de Violencia sobre la Mujer y de la Delegación del Gobierno contra la Violencia de Género**, encargados de recopilar datos, evaluar políticas y coordinar recursos en todo el territorio.

- ♦ **Medios de comunicación y publicidad**
  - ⇨ Prohibición y sanción de la **publicidad sexista o degradante**, y legitimación de asociaciones y organismos públicos para denunciarla.
  - ⇨ Promoción de una imagen igualitaria y respetuosa de las mujeres en los medios.

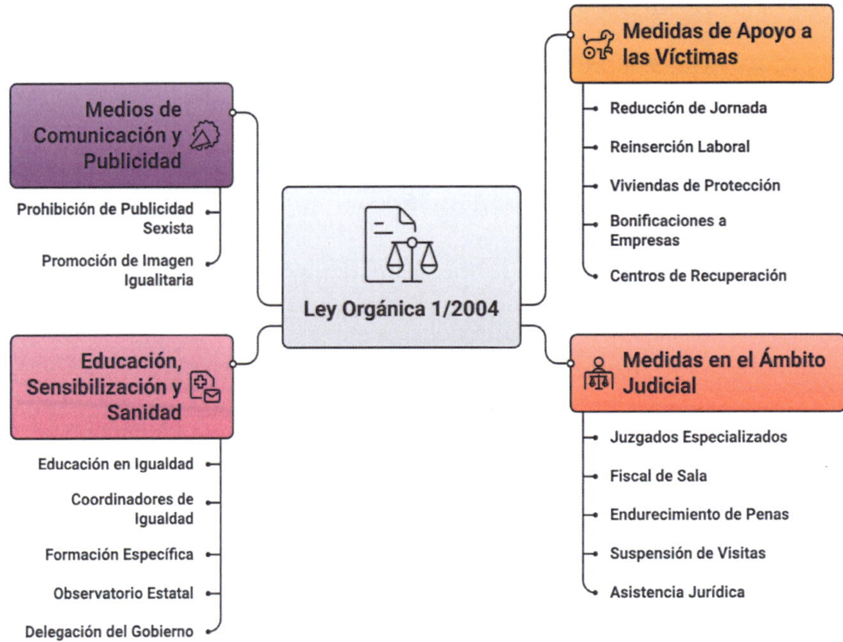

1.2.5. Otras leyes y medidas complementarias

Además de la Ley 1/2004, España ha consolidado un amplio marco legislativo en materia de igualdad de género:

- **Ley Orgánica 3/2007**, para la igualdad efectiva de mujeres y hombres, que establece medidas de acción positiva, planes de igualdad en empresas y la integración de la perspectiva de género en todas las políticas públicas.
- **Real Decreto 901/2020**, sobre planes de igualdad y su registro, y el Real Decreto 902/2020, sobre igualdad retributiva, que exigen transparencia salarial y eliminan la brecha de género en la remuneración.
- **Ley Orgánica 10/2022**, de garantía integral de la libertad sexual ("Solo sí es sí"), que refuerza la protección contra todas las formas de violencia sexual.
- **Ley 4/2023**, para la igualdad real y efectiva de las personas trans y LGTBI, que amplía el principio de igualdad a la diversidad de identidades y orientaciones sexuales.

Estas normas consolidan un modelo de protección integral y prevención activa, situando a España entre los países europeos más avanzados en materia de igualdad y derechos de las mujeres.

1.2.6. Impacto social y cultural de las políticas específicas

Las políticas específicas de género han tenido un **impacto transformador** en la sociedad española: han visibilizado problemas históricamente ocultos, impulsado cambios legislativos y modificado la percepción social de la desigualdad.

Entre sus resultados más destacados se encuentran:

- ⇨ Aumento de la presencia de mujeres en la educación superior y en puestos directivos.
- ⇨ Crecimiento de la conciencia social frente a la violencia machista y las desigualdades laborales.
- ⇨ Integración de la perspectiva de género en la administración pública y en los medios de comunicación.
- ⇨ Consolidación del movimiento asociativo y feminista como actor clave en el avance democrático.

Sin embargo, aún persisten desafíos: la feminización de la pobreza, la desigualdad en la corresponsabilidad familiar, la brecha digital y la violencia de género en sus nuevas formas (especialmente la ciberviolencia).

Las **políticas específicas de género** han sido esenciales para pasar de la igualdad formal a la igualdad real. Han permitido visibilizar desigualdades, crear mecanismos de protección y fomentar el empoderamiento de las mujeres en todos los ámbitos.

No obstante, su eficacia depende de que se mantengan como una **prioridad política y social**, acompañadas de recursos, seguimiento y evaluación constante.La igualdad de género no puede darse por alcanzada: es un proceso en construcción que requiere compromiso ciudadano, educación en valores igualitarios y un trabajo permanente para garantizar que mujeres y hombres vivan con las mismas oportunidades, derechos y dignidad.

1.3. Ley Orgánica 3/2007, de 22 de marzo, para la Igualdad Efectiva de Mujeres y Hombres

La Ley Orgánica 3/2007, para la igualdad efectiva de mujeres y hombres, constituye uno de los hitos más importantes en la historia reciente de las políticas de igualdad en España. Su principal aportación es haber pasado de la igualdad formal, ya reconocida por la Constitución de 1978, a la igualdad real, incorporando medidas preventivas, correctoras y transformadoras que abarcan todos los ámbitos de la vida pública y privada.

Esta ley parte de la idea de que la igualdad de trato y de oportunidades no se logra únicamente con la prohibición de la discriminación, sino también con la adopción de políticas activas que eliminen las barreras estructurales que impiden el pleno desarrollo de las mujeres.

1.3.1. Principio de transversalidad de género

La gran novedad de esta ley es el principio de transversalidad o mainstreaming de género, que obliga a todas las administraciones públicas a incorporar la perspectiva de género en la elaboración, ejecución y evaluación de sus políticas.

Esto significa que todas las decisiones públicas -económicas, educativas, culturales, sanitarias, laborales o medioambientales- deben analizarse considerando su impacto sobre mujeres y hombres, con el fin de evitar desigualdades o reforzar la equidad.

Para lograrlo, la Ley establece instrumentos concretos de planificación, coordinación y seguimiento, tales como:

- ⇨ El **Plan Estratégico de Igualdad de Oportunidades**, de carácter cuatrienal, que fija los objetivos, medidas y recursos necesarios para avanzar en igualdad.
- ⇨ La **Comisión Interministerial de Igualdad**, con funciones de coordinación entre ministerios.
- ⇨ Las **Unidades de Igualdad** en cada ministerio, encargadas de asesorar, impulsar y evaluar las políticas públicas desde la perspectiva de género.

- ⇨ Los **informes de impacto de género**, que se deben elaborar antes de aprobar normas, presupuestos o planes con relevancia económica y social, para garantizar que no generen discriminación.

1.3.2. Igualdad en el ámbito de las Administraciones Públicas

En el sector público, la ley actúa como marco general para garantizar la igualdad tanto en el empleo como en la gestión institucional.

Entre sus medidas destacan:

- ⇨ La obligación de incluir **la igualdad de oportunidades como principio rector** en todas las políticas y actuaciones administrativas.
- ⇨ La aplicación de criterios de **presencia equilibrada** (al menos un 40 % de cada sexo) en los órganos de dirección y toma de decisiones, incluidas las Fuerzas Armadas y los Cuerpos y Fuerzas de Seguridad del Estado.
- ⇨ La regulación de **procesos de selección y promoción profesional** que eviten la discriminación por razón de sexo.
- ⇨ La exigencia de que todos los documentos, estadísticas y estudios elaborados por los poderes públicos incorporen **la variable sexo**, para permitir un análisis diferenciado del impacto sobre mujeres y hombres.
- ⇨ La obligación del uso de **lenguaje no sexista** en la comunicación institucional.

De esta forma, la Administración se convierte en ejemplo y motor de la igualdad, promoviendo la transparencia, la rendición de cuentas y la inclusión como valores esenciales del servicio público.

1.3.3. Igualdad en las relaciones laborales y empresariales

En el ámbito del empleo, la ley promueve la igualdad de trato y de oportunidades entre mujeres y hombres en el acceso al trabajo, la formación, la promoción profesional y las condiciones salariales.

Sus medidas más relevantes incluyen:

- ⇨ La creación y obligatoriedad de los **Planes de Igualdad en las empresas**, que deben negociar con la representación legal de los trabajadores e inscribir en el registro público del Ministerio de Trabajo e Igualdad.
- ⇨ La implantación de sistemas de **auditoría y registro salarial** para garantizar la **igualdad retributiva** y detectar posibles brechas de género.
- ⇨ La concesión del **Distintivo de Igualdad en la Empresa**, que reconoce a aquellas organizaciones que destacan por sus buenas prácticas en materia de igualdad.
- ⇨ La promoción de **conciliación y corresponsabilidad**, mediante medidas que faciliten la compatibilidad entre la vida laboral, personal y familiar, tanto para mujeres como para hombres.
- ⇨ La **prevención y sanción del acoso sexual y del acoso por razón de sexo en el trabajo**, estableciendo la obligación de adoptar protocolos de actuación en las empresas.

Marco Legal para la Igualdad en el Empleo

Planes de Igualdad

Creación y registro de planes de igualdad en las empresas.

Auditoría Salarial

Implementación de sistemas para garantizar la igualdad salarial.

Distintivo de Igualdad

Reconocimiento de empresas con prácticas de igualdad destacadas.

Conciliación

Promoción de medidas para equilibrar la vida laboral y personal.

Prevención del Acoso

Establecimiento de protocolos para prevenir y sancionar el acoso.

Estas medidas fueron reforzadas posteriormente con el **Real Decreto 901/2020**, que regula los planes de igualdad y su registro, y con el **Real Decreto 902/2020**, que establece la igualdad retributiva entre mujeres y hombres.

1.3.4. Participación política y representación equilibrada

La ley introduce el principio de composición equilibrada en todos los órganos de representación política, tanto a nivel estatal como autonómico y local.

Esto implica que ningún sexo podrá tener una **presencia inferior al 40 % ni superior al 60 % en los órganos colegiados, consejos de administración o listas electorales**.

En el ámbito político, se modificó la **Ley Orgánica del Régimen Electoral General**, obligando a los partidos a presentar listas paritarias en los comicios, lo que supuso un avance histórico hacia la paridad en el Parlamento y en los gobiernos.

Asimismo, la norma extiende este principio a la **cooperación internacional para el desarrollo**, promoviendo que las políticas exteriores incorporen la perspectiva de género y fomenten la participación activa de las mujeres en la toma de decisiones globales.

1.3.5. Conciliación y corresponsabilidad

La **conciliación de la vida personal, familiar y laboral** es otro de los pilares fundamentales de la Ley Orgánica 3/2007.

Reconoce el derecho de las personas trabajadoras a disfrutar de medidas que faciliten el equilibrio entre sus responsabilidades familiares y profesionales, como la flexibilidad horaria, el teletrabajo o las reducciones de jornada.

La ley también fomenta la **corresponsabilidad entre mujeres y hombres**, impulsando que ambos compartan de forma equitativa las tareas domésticas y los cuidados familiares.

Entre las medidas más destacadas se encuentran:

- ⇨ La creación del **permiso de paternidad autónomo**, independiente del de maternidad, y con prestación económica propia. (Desde 2021, este permiso se igualó en duración al de maternidad: 16 semanas para cada progenitor).
- ⇨ La mejora de las prestaciones por **riesgo durante el embarazo y la lactancia natural**, garantizando la protección de la salud de la madre y del hijo/a.

- La introducción de una **prestación económica especial de maternidad** para trabajadoras sin cotización suficiente.

Estas medidas han contribuido a equilibrar las responsabilidades familiares, pero también a visibilizar la necesidad de un modelo social corresponsable, donde los cuidados sean reconocidos como un valor esencial y compartido.

1.3.6. Garantías jurídicas y procesales

La Ley Orgánica 3/2007 refuerza el marco jurídico de protección frente a la discriminación.

Entre sus garantías más destacadas se encuentran:

- La **inversión de la carga de la prueba**: cuando se alega discriminación por razón de sexo, corresponde a la parte demandada demostrar que no ha existido trato desigual.
- La **legitimación de instituciones públicas y organizaciones de defensa de los derechos de igualdad** para intervenir en procedimientos judiciales relacionados con la discriminación o el acoso.
- La introducción de **acciones positivas** como mecanismo legal para corregir situaciones de desigualdad estructural.

Estas herramientas jurídicas facilitan la tutela efectiva del derecho a la igualdad y refuerzan la seguridad y confianza de las víctimas para reclamar sus derechos.

1.3.7. Impacto social y evolución posterior

Desde su aprobación, la Ley Orgánica 3/2007 ha sido un punto de inflexión en la historia de la igualdad en España.

Sus principios han sido ampliados y reforzados con nuevas normativas, entre las que destacan:

- La **Ley Orgánica 10/2022**, de garantía integral de la libertad sexual, que amplía la protección frente a la violencia sexual.
- La **Ley 4/2023**, para la igualdad real y efectiva de las personas trans y LGTBI, que extiende la protección antidiscriminatoria a la identidad y expresión de género.

- ⇨ La **Estrategia Europea para la Igualdad de Género 2020-2025**, que refuerza la transversalidad de género y la igualdad salarial en todos los Estados miembros.

Gracias a este marco legal, España se sitúa entre los países europeos más comprometidos con la igualdad de género y la lucha contra la discriminación estructural.

La **Ley Orgánica 3/2007** representa un antes y un después en la consolidación del derecho a la igualdad en España. Su carácter transversal, su enfoque integral y sus medidas específicas en los ámbitos político, laboral y social la convierten en una referencia tanto a nivel nacional como internacional.

No obstante, la igualdad efectiva sigue siendo un **objetivo en construcción** que requiere la implicación constante de instituciones, empresas y ciudadanía. La ley ha abierto el camino, pero su cumplimiento y desarrollo continuo dependen de un compromiso colectivo con la justicia, la diversidad y la dignidad de todas las personas.

1.4. Ley Orgánica 10/2022, de 6 de septiembre, de Garantía Integral de la Libertad Sexual

La **Ley Orgánica 10/2022**, conocida popularmente como la Ley del "Solo sí es sí", representa un nuevo avance en la protección de los derechos sexuales y reproductivos y en la lucha contra todas las formas de violencia sexual.

Su aprobación supuso un cambio profundo en la forma de entender la libertad sexual en el ordenamiento jurídico español. La ley parte de una premisa esencial: toda relación sexual sin consentimiento es violencia sexual. Este principio coloca el consentimiento en el centro de la legislación y redefine el marco penal, social y educativo desde una perspectiva de derechos humanos, igualdad de género y reparación a las víctimas.

1.4.1. Contexto y fundamentos de la ley

La aprobación de esta ley responde a una demanda social y feminista que se intensificó tras el caso de "La Manada" (2016), en el que la interpretación judicial del concepto de consentimiento generó una ola de movilización ciudadana en defensa del derecho de las mujeres a vivir libres de violencia sexual.

Hasta ese momento, el Código Penal diferenciaba entre **abuso sexual** (sin violencia ni intimidación) y agresión sexual (con violencia o intimidación). La nueva ley elimina esta distinción: a partir de ahora, **cualquier acto sexual sin consentimiento se considera agresión sexual**, con independencia de que exista o no violencia física.

De esta manera, el sistema jurídico se alinea con los **principios del Convenio de Estambul (2011)** del Consejo de Europa, ratificado por España en 2014, que establece la obligación de los Estados de adoptar medidas integrales contra la violencia sexual y de garantizar la protección efectiva de las víctimas.

1.4.2. El consentimiento como eje central

Uno de los pilares fundamentales de la ley es la **definición clara y positiva del consentimiento sexual**, recogida en su artículo 4:

"Solo se entenderá que hay consentimiento cuando se haya manifestado libremente por actos que, en atención a las circunstancias del caso, expresen de manera clara la voluntad de la persona."

Esto significa que el silencio, la pasividad o la ausencia de resistencia no pueden interpretarse como consentimiento.La responsabilidad recae en quien inicia la acción sexual, que debe asegurarse de que la otra persona manifieste libremente su voluntad de participar.

Este enfoque no solo modifica el tratamiento penal de las agresiones, sino también la cultura social y judicial sobre la libertad sexual, desplazando el foco desde la víctima hacia el agresor.

1.4.3. Enfoque integral de la norma

La ley no se limita a modificar el Código Penal: adopta una visión integral que combina medidas de prevención, educación, protección, atención y reparación.Su objetivo es garantizar el derecho de todas las personas -especialmente de las mujeres- a vivir una vida sexual libre de violencia, coacción o discriminación.

Los ejes de actuación principales son los siguientes:

- **Prevención y educación**
  - Integración de la educación sexual y afectiva en todas las etapas educativas, basada en el respeto, la igualdad, la diversidad y el consentimiento.
  - Formación especializada para docentes, personal sanitario, cuerpos policiales, jueces y fiscales en materia de violencia sexual y atención a víctimas.
  - Campañas públicas de sensibilización y prevención centradas en la corresponsabilidad y el respeto a la libertad sexual.
- **Protección y atención integral a las víctimas**
  - Creación de una red estatal de centros de crisis disponibles las 24 horas, con atención gratuita, confidencial y especializada en todos los territorios.
  - Acceso prioritario a ayudas económicas, vivienda y empleo para mujeres víctimas de violencia sexual.
  - Asistencia psicológica, social y jurídica integral desde el primer momento, sin necesidad de denuncia previa.
  - Protección frente a la victimización secundaria, garantizando que los procesos judiciales sean respetuosos y no revictimizantes.
  - Derecho a la reparación integral, incluyendo atención médica, apoyo emocional y medidas de reintegración social y laboral.
- **Reformas penales**
  - Unificación de los delitos de abuso y agresión sexual bajo una sola categoría: agresión sexual, con una graduación de penas en función de la gravedad, las circunstancias y el daño causado.
  - Consideración de agravantes como la actuación en grupo, la vulnerabilidad de la víctima, la relación de pareja o la comisión del delito mediante el uso de drogas o sumisión química.
  - Tipificación de nuevas conductas de violencia sexual digital, como el acoso, la difusión sin consentimiento de imágenes o vídeos íntimos (pornografía no consentida), el stalking y la explotación sexual en línea.

⇨ Introducción del concepto de violencia sexual laboral o en el entorno profesional, ampliando la protección frente al acoso sexual y por razón de sexo.

- **Coordinación institucional y recursos**

⇨ Creación de una Delegación del Gobierno para la Violencia Sexual, dentro del Ministerio de Igualdad, encargada de coordinar la aplicación de la ley y el trabajo con las comunidades autónomas.

⇨ Puesta en marcha del Observatorio Estatal sobre la Violencia Sexual, responsable de recopilar datos, evaluar las políticas públicas y elaborar informes anuales.

⇨ Colaboración con el Consejo Interterritorial del Sistema Nacional de Salud para establecer protocolos sanitarios de detección precoz y atención a las víctimas.

Marco Integral de la Ley de Violencia Sexual

1.4.4. Ámbito laboral y empresarial

La ley refuerza la protección frente a la violencia y el acoso sexual en el trabajo, ampliando las obligaciones de las empresas:

⇨ Establecimiento obligatorio de protocolos internos de prevención y actuación frente al acoso sexual y por razón de sexo.

⇨ Derecho de las víctimas a ajustes laborales temporales: reducción de jornada, cambio de puesto o teletrabajo.

- ⇨ Prioridad en los programas de empleo, formación y recolocación.
- ⇨ Fomento del distintivo "Empresas por una Sociedad Libre de Violencia de Género y Sexual", como reconocimiento público de las entidades comprometidas con la igualdad y la seguridad laboral.

1.4.5. Enfoque de derechos humanos y diversidad

La Ley Orgánica 10/2022 se basa en un enfoque de derechos humanos y diversidad, reconociendo que las violencias sexuales pueden afectar a mujeres, niñas, personas LGTBI, personas con discapacidad o migrantes en condiciones de especial vulnerabilidad.

El texto legal también protege la libertad sexual de los hombres y establece que las políticas públicas deben atender a todas las víctimas sin discriminación, aunque prioriza la protección de las mujeres por su mayor exposición estructural a la violencia sexual.

1.4.6. Controversias y reformas posteriores

Tras su entrada en vigor, la ley generó debate público y jurídico por la **revisión automática de condenas penales** derivada del nuevo marco de penas. Este efecto obligó al Congreso de los Diputados a aprobar, en abril de 2023, una reforma puntual del Código Penal para ajustar la proporcionalidad de las penas sin alterar el espíritu de la ley: la centralidad del consentimiento y la protección integral de las víctimas.

Pese a estas controversias, la ley ha consolidado un **cambio cultural y normativo:** ha situado la libertad sexual como un derecho fundamental y ha reforzado la idea de que la educación, la prevención y la reparación son tan importantes como la sanción penal.

La Ley Orgánica 10/2022 es una de las normas más avanzadas de Europa en materia de derechos sexuales y de protección frente a la violencia sexual. Su aplicación integral, junto con la cooperación entre administraciones, el compromiso de las empresas y la sensibilización ciudadana, constituye un paso decisivo hacia una sociedad donde la libertad sexual sea un derecho pleno, protegido y respetado.

El **"solo sí es sí"** no es solo un eslogan jurídico, sino una declaración ética y política: el reconocimiento de que toda persona tiene derecho a decidir libremente sobre su propio cuerpo, sin miedo, sin violencia y sin coerción.

1.5. Ley 4/2023, de 28 de febrero, para la Igualdad Real y Efectiva de las Personas Trans y para la Garantía de los Derechos LGTBI

La **Ley 4/2023** supone un avance histórico en la consolidación de los derechos humanos, la diversidad y la igualdad de trato en España. Su objetivo es garantizar que todas las personas, independientemente de su orientación sexual, identidad o expresión de género, puedan vivir con libertad, dignidad y sin discriminación.

Con esta norma, España se sitúa a la vanguardia de Europa en la protección de los derechos de las personas LGTBI (lesbianas, gais, bisexuales, trans e intersexuales), incorporando una visión integral que abarca tanto la igualdad formal ante la ley como la igualdad real en la vida social, educativa, laboral, sanitaria y cultural.

1.5.1. Contexto y fundamentos

Hasta la aprobación de esta ley, el reconocimiento de los derechos de las personas LGTBI en España se encontraba disperso en diferentes normas autonómicas. La **Ley 4/2023** unifica el marco legal a nivel estatal, dando cumplimiento al mandato constitucional de igualdad y no discriminación **(artículos 9.2 y 14 de la Constitución Española)** y alineándose con la Carta de Derechos Fundamentales de la Unión Europea, el Convenio Europeo de Derechos Humanos y los **Objetivos de Desarrollo Sostenible (ODS)** de la Agenda 2030, especialmente el ODS 5 (igualdad de género) y el ODS 10 (reducción de las desigualdades).

Esta ley, también conocida como **Ley Trans y LGTBI**, se basa en tres pilares fundamentales:

1. El reconocimiento de la autodeterminación de género.
2. La protección integral contra la discriminación y los delitos de odio.
3. La garantía del acceso en igualdad de condiciones a la educación, el empleo, la salud y los servicios públicos.

1.5.2. Principios generales

La **Ley 4/2023** se rige por una serie de principios rectores que orientan su interpretación y aplicación:

- ⇨ **Igualdad y no discriminación:** ninguna persona podrá ser discriminada por motivo de orientación sexual, identidad o expresión de género, características sexuales, filiación, estado serológico o cualquier otra condición.
- ⇨ **Autonomía personal:** se reconoce el derecho de toda persona a definir su identidad y expresión de género sin injerencias externas, especialmente del poder público.
- ⇨ **Libre desarrollo de la personalidad:** todas las personas tienen derecho a ser reconocidas, respetadas y tratadas conforme a su identidad de género vivida.
- ⇨ **Interseccionalidad:** se reconoce que las discriminaciones pueden ser múltiples (por razón de sexo, edad, discapacidad, origen étnico, etc.), y se deben abordar de manera integral.
- ⇨ **Participación social y visibilidad:** se promueve la presencia activa y visible de las personas LGTBI en todos los ámbitos de la sociedad.

1.5.3. Reconocimiento del derecho a la identidad de género y autodeterminación

Uno de los avances más significativos de la Ley 4/2023 es la **eliminación de los requisitos médicos y judiciales** para el cambio de la mención registral del sexo y del nombre en el Registro Civil.

Desde su entrada en vigor:

- ⇨ Las personas mayores de **16 años** pueden solicitar directamente el cambio registral de su sexo y nombre, mediante una **declaración de voluntad libre e informada**, sin necesidad de informes médicos, psicológicos ni tratamientos hormonales previos.
- ⇨ Las personas entre **14 y 16 años** pueden hacerlo con asistencia de sus representantes legales, y las de **12 a 14 años** con autorización judicial.

- ⇨ Se prohíben las **terapias de conversión o aversión**, consideradas prácticas degradantes y contrarias a los derechos humanos.

Con este reconocimiento, España se une a países como Dinamarca, Portugal o Argentina, que ya habían legislado en favor de la **autodeterminación de género**, avanzando hacia un modelo basado en el respeto, la libertad y la autonomía personal.

1.5.4. Protección frente a la discriminación y los delitos de odio

La ley establece un amplio **catálogo de medidas antidiscriminatorias** que garantizan la igualdad en el acceso y disfrute de todos los derechos:

- ⇨ **Prohibición expresa de la discriminación directa o indirecta** por orientación sexual, identidad o expresión de género.
- ⇨ **Nulidad de pleno derecho** de cualquier disposición, cláusula o práctica que constituya trato desigual.
- ⇨ Creación de la **Autoridad Independiente para la Igualdad de Trato y la No Discriminación**, que podrá investigar denuncias, imponer sanciones y promover políticas de igualdad.
- ⇨ Refuerzo de los mecanismos de protección contra los **delitos de odio**, la violencia y el acoso por razón de orientación o identidad.
- ⇨ Reconocimiento de la condición de víctima a las personas LGTBI que sufran discriminación o violencia, con acceso prioritario a asistencia jurídica, sanitaria y psicológica.

1.5.5. Medidas en el ámbito educativo

La educación es un eje clave de la ley, al ser un espacio donde se construyen los valores de respeto, diversidad e igualdad.

Entre las medidas más importantes destacan:

- ⇨ Inclusión obligatoria de **contenidos sobre diversidad sexual, familiar y de género** en todas las etapas educativas.
- ⇨ Formación específica del profesorado en **prevención de la discriminación y el acoso escolar** por motivos de orientación o identidad.

- ⇨ Protección frente al **bullying homofóbico y transfóbico**, con protocolos de actuación inmediata.
- ⇨ Reconocimiento del **nombre sentido** de los menores trans en el entorno escolar, sin necesidad de esperar el cambio registral.
- ⇨ Promoción de **centros educativos inclusivos y seguros**, libres de cualquier forma de violencia o discriminación.

1.5.6. Medidas en el ámbito laboral

En el empleo y las relaciones laborales, la ley persigue la plena igualdad de oportunidades:

- ⇨ Prohibición de cualquier tipo de discriminación en acceso, selección, promoción o retribución.
- ⇨ Integración de cláusulas de diversidad LGTBI en los planes de igualdad de las empresas.
- ⇨ Fomento de entornos laborales inclusivos, con protocolos contra el acoso y medidas de sensibilización.
- ⇨ Apoyo a la empleabilidad de personas trans, con programas de inserción, formación y ayudas a la contratación.
- ⇨ Reconocimiento del derecho a la imagen y expresión de género en el trabajo (nombre, vestimenta, identidad).

1.5.7. Medidas en el ámbito sanitario

La Ley 4/2023 refuerza el derecho a una **atención sanitaria integral, respetuosa y libre de discriminación**:

- ⇨ Inclusión de la **salud sexual, reproductiva y de género** dentro de la cartera básica del Sistema Nacional de Salud.
- ⇨ Atención específica a las personas trans, garantizando el acceso a **tratamientos hormonales o quirúrgicos de reasignación** si así lo desean, dentro de los servicios públicos y bajo criterios de calidad y consentimiento informado.
- ⇨ Programas de **salud mental y acompañamiento psicológico**, especialmente dirigidos a jóvenes y personas en situación de vulnerabilidad.

- Prohibición de las terapias de “reconversión” o “curación”, consideradas tratos inhumanos o degradantes.

1.5.8. Medidas en el ámbito social y familiar

- Reconocimiento legal y protección de **todas las formas de familia**, incluidas las homoparentales, biparentales o monomarentales.
- Acceso en igualdad a la **reproducción asistida** para mujeres lesbianas, bisexuales y personas trans con capacidad gestante.
- Garantía de **igualdad en la filiación** de los hijos e hijas de parejas del mismo sexo.
- Creación de servicios de **atención y orientación a personas mayores LGTBI**, para combatir el aislamiento y la discriminación en entornos residenciales.

1.5.9. Medidas en el ámbito cultural y de comunicación

La ley promueve una representación diversa y respetuosa en los medios de comunicación y la cultura:

- Fomento de contenidos que visibilicen la diversidad afectivo-sexual y de género.
- Apoyo a proyectos culturales y artísticos que promuevan la igualdad LGTBI.
- Prohibición de mensajes, campañas o publicidad que fomenten la **LGTBIfobia** o la discriminación.

1.5.10. Cooperación internacional y seguimiento

España se compromete a incorporar la perspectiva LGTBI en su política de **cooperación internacional**, apoyando proyectos que promuevan los derechos humanos y la diversidad en otros países.

Para garantizar la aplicación de la ley, se crea un m**ecanismo de seguimiento y evaluación** con participación de asociaciones LGTBI, administraciones públicas y organismos internacionales.

1.5.11. Impacto y alcance social

Desde su aprobación, la **Ley 4/2023** ha supuesto un reconocimiento histórico de los derechos de las personas trans y LGTBI, consolidando un marco de igualdad integral. Ha permitido eliminar barreras legales, dar visibilidad a la diversidad y reforzar la educación en el respeto.

No obstante, su aplicación requiere **coherencia institucional, recursos económicos y formación profesional** en todos los niveles: educativo, sanitario, judicial y policial. La igualdad real no depende solo de las leyes, sino también del compromiso colectivo para hacerlas efectivas en la vida diaria.

La **Ley 4/2023** consagra el derecho a ser, amar y expresarse libremente, sin miedo a la discriminación ni a la violencia. Es una norma que amplía la democracia y que sitúa la diversidad humana en el centro del modelo social español.

Su mensaje es claro: la igualdad no consiste en que todos seamos iguales, sino en **reconocer y respetar las diferencias** como parte fundamental de la dignidad y los derechos de todas las personas.

Comparación de medidas de la Ley 4/2023

Característica	Contenido	Formación	Protección	Reconocimiento	Entorno
Educación	Inclusión obligatoria de diversidad sexual y de género	Formación específica del profesorado en prevención de la discriminación	Protección frente al bullying homofóbico y transfóbico	Reconocimiento del nombre sentido de los menores trans	Promoción de centros educativos inclusivos y seguros
Empleo	Prohibición de discriminación en acceso y selección	Integración de cláusulas de diversidad LGTBI en los planes de igualdad	Fomento de entornos laborales inclusivos	Apoyo a la empleabilidad de personas trans	Reconocimiento del derecho a la imagen y expresión de género
Salud	Inclusión de salud sexual y reproductiva	Atención específica a personas trans	Programas de salud mental y acompañamiento psicológico	Prohibición de terapias de "reconversión" o "curación"	
Social y familiar	Reconocimiento legal de todas las formas de familia	Acceso en igualdad a la reproducción asistida	Garantía de igualdad en la filiación	Creación de servicios de atención y orientación a personas mayores LGTBI	
Cultural y de comunicación	Fomento de contenidos que visibilicen la diversidad	Apoyo a proyectos culturales que promuevan la igualdad LGTBI	Prohibición de mensajes que fomenten la LGTBIfobia		

1.6. Reales Decretos 901/2020 y 902/2020: Planes de Igualdad y Transparencia Retributiva

La **Ley Orgánica 3/2007**, para la igualdad efectiva de mujeres y hombres, estableció la necesidad de que las empresas adoptaran medidas concretas para garantizar la igualdad real en el ámbito laboral. Sin embargo, fue con los Reales Decretos 901/2020 y 902/2020, ambos de octubre de 2020, cuando se configuró el marco normativo obligatorio que regula la elaboración, registro y aplicación de los Planes de Igualdad y los mecanismos de igualdad retributiva.

Estas normas representan un avance decisivo hacia la eliminación de la brecha de género en el empleo, garantizando que las mujeres y los hombres reciban igual salario por trabajo de igual valor, y que las empresas adopten políticas activas para prevenir y corregir las desigualdades.

1.6.1. Real Decreto 901/2020, de 13 de octubre: Planes de Igualdad y su Registro

Este Real Decreto regula el contenido, la negociación, la vigencia, la evaluación y el registro de los Planes de Igualdad en las empresas, así como su obligatoriedad progresiva en función del tamaño de la plantilla.

- **Ámbito de aplicación y obligatoriedad**

  - ⇨ Desde marzo de 2022, todas las empresas con 50 o más personas trabajadoras están obligadas a elaborar y aplicar un Plan de Igualdad.
  - ⇨ También pueden estar obligadas aquellas que lo acuerden en convenio colectivo, o cuando la autoridad laborallo imponga como medida sustitutoria de sanción.

- **Objetivo**

El Plan de Igualdad tiene como objetivo garantizar la igualdad de trato y oportunidades entre mujeres y hombres eliminar cualquier tipo de discriminación por razón de sexo en el entorno laboral, tanto directa como indirecta.

- **Contenido mínimo del Plan de Igualdad**

Cada plan debe basarse en un diagnóstico previo de la situación de la empresa, elaborado mediante la negociación entre la dirección y la representación legal de las personas trabajadoras.

El plan debe incluir, al menos, las siguientes materias:

1. Proceso de selección y contratación.
2. Clasificación profesional y promoción interna.
3. Formación y desarrollo profesional.
4. Condiciones de trabajo, incluida la auditoría retributiva.
5. Ejercicio corresponsable de los derechos de la vida personal, familiar y laboral.
6. Infrarrepresentación femenina y medidas para corregirla.
7. Prevención del acoso sexual y por razón de sexo.
8. Comunicación y lenguaje inclusivo.

♦ **Negociación y registro**

⇨ Los planes deben ser negociados con la representación legal de las personas trabajadoras, garantizando la participación sindical.

⇨ Una vez aprobado, el Plan de Igualdad debe inscribirse obligatoriamente en el Registro de Planes de Igualdad (REGCON) del Ministerio de Trabajo e Igualdad, accesible electrónicamente.

⇨ La vigencia habitual es de cuatro años, aunque puede modificarse en caso de cambios sustanciales en la empresa.

♦ **Seguimiento y evaluación**

Las empresas deben establecer indicadores de seguimiento y evaluación para comprobar el cumplimiento de las medidas adoptadas.

El incumplimiento de la obligación de contar con un Plan de Igualdad se considera infracción grave o muy grave y puede acarrear sanciones económicas de hasta 225.018 euros, según la Ley sobre Infracciones y Sanciones en el Orden Social (LISOS).

1.6.2. Real Decreto 902/2020, de 13 de octubre: Igualdad Retributiva entre Mujeres y Hombres

El segundo decreto complementa al anterior y establece el principio de transparencia y de igualdad retributiva en todas las empresas, con independencia de su tamaño.

Su finalidad es eliminar las diferencias salariales injustificadas y garantizar que trabajos de igual valor reciban la misma retribución, evitando la discriminación indirecta.

- **Principios fundamentales**

  - Igual retribución por trabajo de igual valor: dos trabajos tienen igual valor cuando las funciones, la formación, el esfuerzo, las condiciones y las responsabilidades sean equivalentes, aunque se realicen en puestos distintos.
  - Transparencia retributiva: las empresas deben asegurar que la información salarial sea clara, accesible y verificable.
  - Obligación de justificar las diferencias salariales superiores al 25 % entre trabajadores de distinto sexo, aportando criterios objetivos y no discriminatorios.

- **Herramientas obligatorias de transparencia salarial**

1. Registro retributivo:
   - Obligatorio para todas las empresas, independientemente de su tamaño.
   - Debe incluir todos los salarios, complementos y percepciones de la plantilla desglosados por sexo, grupo profesional, puesto o categoría.
   - Debe estar disponible para la representación legal de los trabajadores y para la Inspección de Trabajo.
2. Auditoría retributiva:
   - Obligatoria para las empresas que elaboren un Plan de Igualdad (a partir de 50 trabajadores).

- ⇨ Permite evaluar las diferencias salariales, identificar posibles causas de desigualdad y diseñar un plan de corrección.
- ⇨ La auditoría debe revisarse periódicamente y acompañarse de un plan de acción.

3. Valoración de puestos de trabajo:

- ⇨ Se exige un sistema objetivo de evaluación de los puestos basado en criterios neutros (formación, esfuerzo, responsabilidad y condiciones de trabajo).
- ⇨ El Ministerio de Trabajo, junto con el Instituto de las Mujeres, ha publicado una guía y herramienta oficial de valoración, accesible a todas las empresas.

1.6.3. Efectos en el entorno empresarial

Estos Reales Decretos han transformado la gestión de los recursos humanos en las empresas españolas.

Las principales consecuencias prácticas han sido:

- ⇨ **Integración de la perspectiva de género** en la gestión laboral, retributiva y de promoción interna.
- ⇨ **Profesionalización de la gestión de la igualdad**, con la aparición de nuevos perfiles especializados en consultoría, auditoría y formación en igualdad.
- ⇨ Mayor transparencia y control sobre las diferencias salariales.
- ⇨ Reducción progresiva de **la brecha salarial de género**, que en España se sitúa en torno al 17 %, según datos del Instituto Nacional de Estadística (INE).
- ⇨ Refuerzo de la **imagen social y reputacional** de las empresas comprometidas con la igualdad.

Además, la Inspección de Trabajo y Seguridad Social ha intensificado las campañas de control y sanción sobre empresas que incumplen las obligaciones en materia de igualdad, asegurando que el principio de equidad no sea solo un compromiso ético, sino también un deber legal y empresarial.

1.6.4. Conexión con la Agenda 2030 y la sostenibilidad corporativa

Ambos Reales Decretos están estrechamente vinculados con el Objetivo de Desarrollo Sostenible 5 (ODS 5) de la Agenda 2030 de Naciones Unidas, que persigue la igualdad de género y el empoderamiento de todas las mujeres y niñas, así como con el ODS 8, relativo al trabajo decente y crecimiento económico.

En el marco de la responsabilidad social corporativa (RSC), la igualdad de género se considera un indicador de sostenibilidad y buen gobierno. Cada vez más empresas integran la perspectiva de género en sus memorias de sostenibilidad, informes ESG (Environmental, Social and Governance) y estrategias de diversidad.

Los Reales Decretos 901/2020 y 902/2020 representan un paso firme hacia una igualdad laboral real y verificable. No solo obligan a las empresas a cumplir con la ley, sino que promueven un cambio cultural profundo basado en la transparencia, la corresponsabilidad y la equidad.

A través de estas medidas, el Estado español avanza hacia un modelo productivo más justo, donde el talento y la capacidad profesional son los únicos criterios válidos para determinar la retribución y las oportunidades, y donde la igualdad deja de ser un ideal para convertirse en una práctica cotidiana en los centros de trabajo.

1.7. Plan Estratégico de Igualdad de Oportunidades (PEIO) 2022-2025

El **Plan Estratégico de Igualdad de Oportunidades (PEIO)** es el principal instrumento de planificación de las políticas públicas de igualdad entre mujeres y hombres en España.

Su origen se encuentra en la **Ley Orgánica 3/2007**, para la igualdad efectiva de mujeres y hombres, que estableció la obligación de diseñar planes cuatrienales con el fin de coordinar, orientar y evaluar todas las actuaciones del Estado en esta materia.

Desde su creación, el PEIO ha evolucionado para adaptarse a los cambios sociales, políticos y económicos, y se ha convertido en una herramienta de gobierno transversal que involucra a todos los ministerios, comunidades autónomas y entidades locales.

El actual **PEIO 2022-2025**, aprobado por el Consejo de Ministros el 8 de marzo de 2022, coincide con un contexto global marcado por la recuperación postpandemia, la transformación digital, la transición ecológica y los nuevos retos en materia de empleo, corresponsabilidad y violencia de género.

1.7.1. Finalidad y visión del PEIO 2022-2025

El Plan tiene como finalidad garantizar la igualdad real y efectiva entre mujeres y hombres en todos los ámbitos de la vida -laboral, educativo, político, social, económico y cultural-, eliminando los estereotipos de género y las desigualdades estructurales que aún persisten.

Su visión se articula en torno a tres grandes principios:

1. **Transversalidad de género**, integrando la perspectiva de igualdad en todas las políticas públicas, presupuestos y estrategias de Estado.
2. **Interseccionalidad**, reconociendo que las desigualdades pueden ser múltiples y combinarse con otras (edad, origen, discapacidad, orientación sexual, situación socioeconómica, etc.).
3. **Corresponsabilidad y participación social**, fomentando el compromiso de todos los actores -públicos, privados y ciudadanos- en la construcción de una sociedad más justa e inclusiva.

El PEIO 2022-2025 forma parte de una estrategia más amplia, la Estrategia Española de Igualdad de Género, y se coordina con el Plan Nacional de Recuperación, Transformación y Resiliencia, integrando la igualdad como criterio fundamental en la reconstrucción social y económica del país.

1.7.2. Estructura del Plan y ejes de actuación

El PEIO 2022-2025 se organiza en cinco ejes estratégicos y **20 objetivos** específicos, que a su vez se despliegan en más de **140 medidas concretas**.

- **Eje 1: Buen gobierno, participación y transversalidad de género**

Busca consolidar la igualdad como principio rector del Estado y de todas sus políticas públicas.

Medidas destacadas:

- Refuerzo del uso del enfoque de género en los presupuestos públicos ("presupuestos con perspectiva de género").

- ⇨ Creación de mecanismos de coordinación interministerial a través de las Unidades de Igualdad.
- ⇨ Evaluación periódica del impacto de las políticas públicas en mujeres y hombres.
- ⇨ Participación activa de las organizaciones de mujeres y entidades sociales en el diseño y seguimiento de las políticas de igualdad.

♦ **Eje 2: Autonomía económica, empleo y corresponsabilidad**

Este eje aborda la brecha de género en el mercado laboral y promueve la independencia económica de las mujeres.Medidas clave:

- ⇨ Refuerzo de los planes de igualdad en las empresas y del registro salarial.
- ⇨ Programas de inserción laboral para mujeres en situación de vulnerabilidad (víctimas de violencia de género, desempleadas de larga duración, mayores de 45 años, rurales o migrantes).
- ⇨ Fomento del emprendimiento femenino y la innovación digital con ayudas específicas.
- ⇨ Impulso a la corresponsabilidad familiar y social: ampliación de los permisos de paternidad y maternidad, fomento del teletrabajo y servicios públicos de cuidado (escuelas infantiles, centros de día, servicios domésticos regulados).

♦ **Eje 3: Educación, cultura e igualdad de valores**

Persigue erradicar los estereotipos de género y promover una educación igualitaria desde la infancia.

Medidas principales:

- ⇨ Incorporación de la educación afectivo-sexual y en igualdad en todos los niveles educativos.
- ⇨ Formación del profesorado y creación de materiales didácticos inclusivos.
- ⇨ Promoción de la presencia de mujeres en carreras STEM (ciencia, tecnología, ingeniería y matemáticas).

- ⇨ Fomento de la cultura igualitaria en los medios de comunicación, la publicidad y las industrias culturales.

♦ **Eje 4: Erradicación de la violencia de género y de todas las formas de violencia contra las mujeres**

Se centra en reforzar las políticas de prevención, atención, sanción y reparación de las víctimas.

Medidas destacadas:

- ⇨ Aplicación de la Ley Orgánica 1/2004 y la Ley 10/2022 ("Solo sí es sí") en coordinación con las comunidades autónomas.
- ⇨ Mejora de la red de centros de atención integral y servicios 24 horas para víctimas.
- ⇨ Fortalecimiento de la formación de profesionales (sanitarios, policiales, judiciales y educativos) en la detección y atención de la violencia de género.
- ⇨ Integración de la perspectiva de género en la lucha contra la trata y la explotación sexual.
- ⇨ Uso de nuevas tecnologías para la protección y el acompañamiento de las víctimas (dispositivos telemáticos, apps de alerta).

♦ **Eje 5: Salud, bienestar y derechos de las mujeres**

Promueve la igualdad en el acceso a la salud, el deporte, la cultura y el bienestar social.

Medidas clave:

- ⇨ Atención sanitaria integral a las mujeres, con perspectiva de género en la investigación biomédica y farmacológica.
- ⇨ Garantía del acceso a los derechos sexuales y reproductivos, incluida la interrupción voluntaria del embarazo en la sanidad pública.
- ⇨ Medidas para la salud mental y emocional, especialmente en mujeres cuidadoras o víctimas de violencia.
- ⇨ Promoción del deporte femenino y la igualdad en el ámbito deportivo profesional y escolar.

⇨ Integración de la perspectiva de género en las políticas de vivienda, movilidad y medio ambiente.

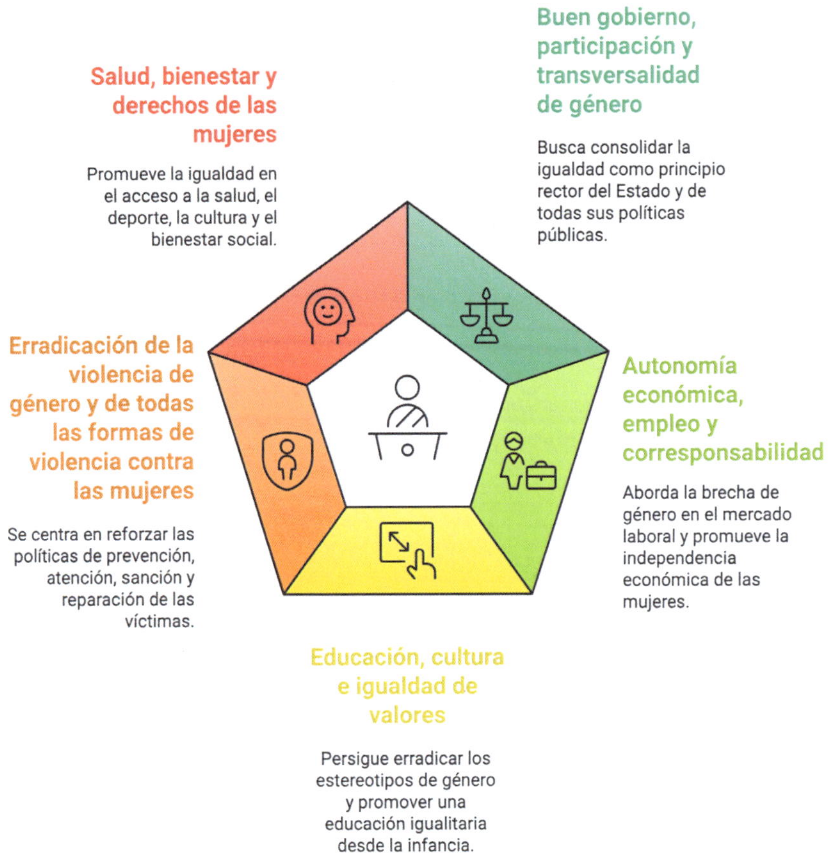

1.7.3. Evaluación, seguimiento y participación

El **PEIO 2022-2025** establece un sistema de seguimiento permanente y evaluación anual, coordinado por el Instituto de las Mujeres y la Comisión Interministerial de Igualdad.

Los indicadores de seguimiento incluyen variables cuantitativas **(tasa de empleo, brecha salarial, presencia en cargos directivos, etc.)** y cualitativas (percepción social, calidad de los servicios públicos, impacto en la vida cotidiana).Además, el Plan fomenta la participación ciudadana a través del Consejo de Participación de las Mujeres, que actúa como órgano consultivo y de diálogo entre el Gobierno y las organizaciones feministas.

1.7.4. Igualdad y transformación digital

Uno de los ejes transversales más relevantes del PEIO 2022-2025 es la transformación digital con enfoque de género.Las nuevas tecnologías deben ser herramientas para la inclusión, no para reproducir desigualdades. Por ello, el Plan impulsa:

- ⇨ La reducción de la brecha digital de género en el acceso y uso de las TIC.
- ⇨ La promoción del liderazgo femenino en el sector tecnológico y científico.
- ⇨ La lucha contra la violencia digital y el acoso en redes sociales.
- ⇨ La incorporación de criterios de igualdad en la inteligencia artificial, los algoritmos y el diseño tecnológico.

1.7.5. Igualdad, sostenibilidad y cooperación internacional

El PEIO también vincula la igualdad de género con la transición ecológica y la Agenda 2030.

Reconoce el papel de las mujeres en la gestión de los recursos naturales, el emprendimiento verde y la innovación social. Además, refuerza la cooperación internacional en materia de igualdad y derechos humanos, apoyando proyectos de empoderamiento femenino y participación política en países en desarrollo.

El Plan Estratégico de Igualdad de Oportunidades 2022-2025 es la hoja de ruta de España para avanzar hacia una sociedad igualitaria, inclusiva y sostenible, en la que mujeres y hombres puedan participar plenamente en todos los ámbitos sin barreras ni discriminaciones.

Más que un documento político, es una herramienta transformadora que integra la igualdad de género en el corazón de las políticas públicas, el tejido empresarial y la conciencia ciudadana.

El PEIO reafirma la idea de que la igualdad no es solo una meta social, sino una condición esencial para la democracia, el progreso económico y la justicia social.

2. Igualdad en el Ámbito Laboral: Sectores Productivos, Conciliación de la Vida Laboral y Familiar

2.1. El Trabajo Asalariado: Sectores Productivos y Desigualdades de Género

El acceso de las mujeres al **trabajo asalariado** ha sido uno de los cambios sociales más significativos de las últimas décadas en España y en el mundo. La participación femenina en el mercado laboral ha aumentado de manera sostenida, consolidando un modelo en el que las mujeres combinan, en la mayoría de los casos, la actividad profesional con las responsabilidades familiares y domésticas.

Este proceso, sin embargo, no ha eliminado las desigualdades estructurales que siguen condicionando la posición de las mujeres en el empleo. La igualdad formal de derechos no ha logrado traducirse plenamente en **igualdad real de oportunidades**, y el mercado de trabajo continúa reproduciendo patrones de segregación, precariedad y desigual valoración de las competencias femeninas.

2.1.1. Participación y evolución de la actividad femenina

Desde comienzos del siglo XXI, la tasa de actividad femenina ha experimentado un crecimiento constante. En España, según datos de la Encuesta de Población Activa (EPA), las mujeres representan actualmente cerca del 47 % de la población ocupada, frente al 36 % de principios de los años 90.

No obstante, esta incorporación ha venido acompañada de mayores tasas de desempleo femenino, más contratos temporales y un alto porcentaje de empleos a tiempo parcial, ocupados en su mayoría por mujeres.

El fenómeno de la doble jornada -mujeres que trabajan fuera y dentro del hogar- continúa siendo una realidad. Aunque la presencia femenina en el empleo asalariado es cada vez mayor, la carga del trabajo doméstico y de cuidados sigue recayendo desproporcionadamente sobre ellas, lo que condiciona su desarrollo profesional, su estabilidad económica y su salud mental.

A pesar de los avances en educación (las mujeres superan a los hombres en formación universitaria y de posgrado), persiste una brecha entre su nivel educativo y su posición laboral efectiva, fenómeno conocido como "desajuste educativo de género".

2.1.2. Desigualdad en el empleo y segregación laboral

Las desigualdades entre hombres y mujeres en el mercado laboral se manifiestan tanto en el acceso al empleo como en las condiciones de trabajo.

- **Desigualdad en el acceso**

Las mujeres siguen enfrentando mayores dificultades para encontrar empleo estable y de calidad, especialmente aquellas con responsabilidades familiares, mayores de 45 años o residentes en zonas rurales.

El desempleo femenino es estructuralmente superior al masculino. Aunque las cifras se han reducido tras la crisis sanitaria de la COVID-19, la tasa de paro de las mujeres (13,3 % en 2024, según el INE) sigue superando en casi dos puntos la de los hombres.

- **Segregación horizontal y vertical**

La segregación horizontal se refiere a la concentración de mujeres y hombres en diferentes sectores o profesiones. Las mujeres predominan en los ámbitos de educación, sanidad, servicios sociales, comercio y hostelería, mientras que los hombres siguen siendo mayoría en sectores industriales, tecnológicos o energéticos.

La segregación vertical, por su parte, refleja la dificultad de las mujeres para acceder a los puestos de poder, dirección o toma de decisiones, fenómeno conocido como "techo de cristal". Solo el 36 % de los puestos directivos en España están ocupados por mujeres, y en los consejos de administración de las grandes empresas cotizadas, la media se sitúa en torno al 32 %, a pesar de los avances normativos.

Ambas formas de segregación reproducen estereotipos de género sobre qué trabajos son "femeninos" o "masculinos", limitando las oportunidades profesionales de las mujeres y perpetuando la desigualdad salarial.

2.1.3. Precariedad y trabajo a tiempo parcial

El **trabajo a tiempo parcial** sigue siendo una de las expresiones más evidentes de la desigualdad laboral. Ocho de cada diez personas con jornada parcial son mujeres, y la mayoría declara haber aceptado esta modalidad por responsabilidades familiares o falta de alternativas a tiempo completo.

Esta situación se traduce en menores ingresos, menos derechos sociales y una **menor cotización para las pensiones futuras**, lo que amplía la brecha de género a lo largo de toda la vida laboral.

Además, muchos de los empleos feminizados -en limpieza, atención al público, hostelería o cuidados- presentan características de precariedad estructural: bajos salarios, horarios irregulares, inestabilidad contractual y escasas posibilidades de promoción.

El **trabajo doméstico y de cuidados**, desempeñado mayoritariamente por mujeres, sigue siendo infravalorado social y económicamente, pese a ser un pilar fundamental para el funcionamiento de la economía y la conciliación familiar.

2.1.4. Cualificación, valoración y brecha salarial

Otro de los factores que perpetúan la desigualdad es la forma en que se definen y valoran las cualificaciones profesionales. Tradicionalmente, los conocimientos y habilidades asociados al trabajo femenino (organización, empatía, comunicación, atención al detalle o gestión de personas) no han sido reconocidos como "cualificaciones técnicas" ni remunerados en la misma medida que las competencias atribuidas a los hombres.

Este sesgo histórico explica parte de la brecha salarial de género, que en España ronda el 17,2 %, según Eurostat (2024). Dicho de otro modo: las mujeres ganan de media un 17 % menos que los hombres por trabajos de igual valor.

Aunque las leyes de igualdad retributiva y los planes de igualdad han mejorado la transparencia, la diferencia persiste por causas estructurales:

- ⇨ Infravaloración de los sectores feminizados.
- ⇨ Mayor presencia de las mujeres en empleos a tiempo parcial o temporales.
- ⇨ Penalización de la maternidad, que interrumpe trayectorias profesionales.

- ⇨ Menor acceso a complementos salariales y puestos de responsabilidad.

El desafío actual es reconocer el valor social y económico del trabajo femenino, tanto en el mercado formal como en los cuidados no remunerados, y construir modelos de empleo más equitativos.

2.1.5. Cambios estructurales y políticas de igualdad laboral

Las políticas públicas de las últimas décadas han contribuido a reducir las desigualdades mediante acciones positivas y medidas de corresponsabilidad, pero los avances no son irreversibles. Entre las principales iniciativas destacan:

- ⇨ La **Ley Orgánica 3/2007** y los **Reales Decretos 901/2020 y 902/2020**, que obligan a las empresas a elaborar planes de igualdad y registros salariales.
- ⇨ La **ampliación de los permisos de paternidad y maternidad** iguales e intransferibles (16 semanas desde 2021).
- ⇨ La **implantación del teletrabajo y la flexibilidad horaria** como medidas de conciliación.
- ⇨ La **formación en competencias digitales y STEM** para aumentar la presencia de mujeres en sectores tecnológicos.
- ⇨ La **inspección de trabajo con perspectiva de género,** para garantizar el cumplimiento de las normas de igualdad.

Estas medidas reflejan un cambio de paradigma: las políticas de igualdad ya no buscan solo la incorporación de las mujeres al mercado laboral, sino también la **transformación de las estructuras laborales y sociales** que sostienen la desigualdad.

2.1.6. Desafíos actuales y perspectivas de futuro

A pesar de los progresos, persisten retos importantes:

- ⇨ Reducir la **brecha de empleo y de salarios,** especialmente en los sectores tecnológicos y de innovación.
- ⇨ Romper el **techo de cristal** en las empresas y administraciones públicas.

- ⇨ Lograr una **redistribución equitativa de los cuidados entre mujeres, hombres y Estado**.
- ⇨ Garantizar la **protección laboral de trabajadoras precarias y migrantes.**
- ⇨ Incorporar la **perspectiva de género en la digitalización y la inteligencia artificial**, evitando reproducir sesgos en los algoritmos y procesos de selección.

El mercado laboral del futuro debe orientarse hacia un modelo más inclusivo, flexible y equitativo, donde el talento y la cualificación primen sobre el género, y donde la conciliación y la corresponsabilidad sean derechos efectivos y no privilegios.

El avance de las mujeres en el trabajo asalariado constituye un paso decisivo hacia la igualdad real, pero también revela los límites de un modelo laboral que aún reproduce desigualdades de género. La verdadera equidad no se alcanzará solo con leyes, sino con una transformación cultural y organizativa profunda: valorar todos los trabajos por igual, redistribuir los cuidados y garantizar la autonomía económica y personal de las mujeres.

Solo así el mercado laboral podrá reflejar una sociedad justa, donde la igualdad de oportunidades sea una realidad tangible y no una aspiración pendiente.

2.2. Conciliación de la Vida Laboral, Familiar y Personal

La conciliación entre la vida laboral, familiar y personal es uno de los pilares fundamentales de las políticas de igualdad en España y en la Unión Europea. Se entiende como el equilibrio entre las responsabilidades profesionales y las obligaciones o necesidades familiares y personales, permitiendo que todas las personas -hombres y mujeres- puedan desarrollar plenamente su vida laboral sin renunciar a su bienestar ni al cuidado de sus seres queridos.

En España, el primer gran avance legislativo en esta materia fue la **Ley 39/1999, de 5 de noviembre**, para promover la conciliación de la vida familiar y laboral de las personas trabajadoras. Esta norma introdujo importantes modificaciones en el Estatuto de los Trabajadores, con el objetivo de facilitar la compatibilidad entre el trabajo y la familia, reforzar la igualdad de oportunidades y fomentar la corresponsabilidad entre mujeres y hombres.

2.2.1. Objetivos y espíritu de la ley

El objetivo principal de la **Ley 39/1999** fue reducir la desigualdad estructural que afectaba a las mujeres, quienes históricamente habían asumido la mayor parte de las tareas domésticas y de cuidado.

La ley buscó equilibrar los permisos de maternidad y paternidad, promover la participación de los hombres en el cuidado familiar y proteger jurídicamente a las trabajadoras frente a despidos o discriminaciones derivadas de la maternidad.

En definitiva, se trató de **fomentar un modelo familiar corresponsable**, donde las tareas de cuidado se compartieran de forma equitativa y donde la maternidad o la paternidad no supusieran un freno al desarrollo profesional.

2.2.2. Principales medidas introducidas

La Ley 39/1999 incorporó cambios sustanciales en los derechos laborales y de Seguridad Social. Entre sus medidas más relevantes destacan:

- **Permisos y excedencias**
  - ⇨ Permiso de maternidad y paternidad: se permitió que la madre pudiera ceder parte de su permiso al padre (hasta un máximo de 10 semanas de las 16 totales), lo que favoreció la implicación de los hombres en el cuidado desde el nacimiento o adopción.
  - ⇨ Ampliación del permiso en caso de parto múltiple: dos semanas adicionales por cada hijo o hija a partir del segundo.
  - ⇨ Permisos por adopción y acogimiento: equiparación de los derechos entre los distintos tipos de filiación (biológica, adoptiva o de acogida), reconociendo los mismos periodos de descanso y prestaciones, sin distinción de edad si el menor tiene menos de seis años.
  - ⇨ Excedencias para cuidado de familiares: se extendió el derecho a excedencia o reducción de jornada para atender a familiares que, por razones de edad, enfermedad o accidente, no pudieran valerse por sí mismos.

- **Permiso de lactancia**

Se flexibilizó el permiso por lactancia, permitiendo disfrutarlo en diferentes modalidades: una hora de ausencia diaria, reducción de jornada o acumulación de horas en jornadas completas, previa negociación con la empresa.

- **Reducción de jornada laboral**

Las personas trabajadoras con responsabilidades familiares obtuvieron el derecho a solicitar una reducción de jornada entre un octavo y la mitad de la jornada, con reducción proporcional del salario, para cuidar de hijos menores de 12 años o familiares dependientes.

- **Protección frente a despidos**

Se declaró nulo todo despido motivado por embarazo, maternidad, paternidad o por el ejercicio de derechos de conciliación, salvo que se acreditara una causa objetiva no relacionada con la discriminación.

- **Riesgo durante el embarazo y la lactancia**

Se creó una prestación de Seguridad Social específica para los casos en los que, por motivos de salud de la madre o del feto, fuera necesario un cambio de puesto de trabajo y este no fuera posible. En tales casos, la trabajadora pasa a situación de riesgo durante el embarazo o la lactancia, percibiendo una prestación económica equivalente al 100 % de su base reguladora.

2.2.3. Evolución y ampliación de los derechos de conciliación

Desde la aprobación de la Ley 39/1999, la normativa española ha experimentado una evolución constante en materia de conciliación y corresponsabilidad, consolidando un modelo más igualitario y adaptado a las nuevas realidades sociales.

- **Equiparación de los permisos de paternidad y maternidad**

Una de las reformas más significativas se produjo con la Ley Orgánica 3/2007 y, posteriormente, con los Reales Decretos-ley 6/2019 y 5/2023, que establecieron la igualdad plena entre permisos de maternidad y paternidad, renombrados como "permiso por nacimiento y cuidado del menor".

Desde enero de 2021, ambos progenitores disponen de 16 semanas de permiso, intransferibles y retribuidas al 100 % por la Seguridad Social, lo que ha supuesto un avance decisivo en la corresponsabilidad familiar.Estas semanas se distribuyen en:

- ⇨ 6 semanas obligatorias e ininterrumpidas tras el parto o adopción.
- ⇨ 10 semanas restantes que pueden disfrutarse de forma flexible, a tiempo completo o parcial, dentro de los 12 meses posteriores al nacimiento.

♦ **Nuevas medidas de flexibilidad y trabajo a distancia**

La Ley 10/2021, de trabajo a distancia, reconoce el teletrabajo como una herramienta de conciliación y obliga a las empresas a garantizar el derecho a la desconexión digital, evitando jornadas excesivas.Asimismo, el Real Decreto-ley 5/2023 amplía los permisos retribuidos y otorga nuevos derechos, como:

- ⇨ 5 días retribuidos por accidente, enfermedad grave u hospitalización de familiares.
- ⇨ 4 días de ausencia justificada por fuerza mayor familiar.
- ⇨ Permiso parental de hasta 8 semanas (sin remunerar) para el cuidado de hijos o menores de hasta 8 años, que puede disfrutarse de forma continua o discontinua.

♦ **Corresponsabilidad y cultura de cuidados**

Las políticas de conciliación actuales no solo buscan proteger derechos individuales, sino fomentar la corresponsabilidad social.Esto implica que los hombres participen activamente en el cuidado de los hijos, las personas dependientes y el hogar, y que el Estado y las empresas asuman su parte de responsabilidad mediante servicios públicos de calidad, horarios racionales y políticas laborales inclusivas.

2.2.4. Impacto social y laboral

Las políticas de conciliación han tenido un impacto positivo en múltiples dimensiones:

- ⇨ Aumento de la implicación masculina en los cuidados, reduciendo progresivamente la carga exclusiva sobre las mujeres.
- ⇨ Mayor estabilidad y bienestar familiar, al facilitar el reparto equitativo de tiempos y responsabilidades.
- ⇨ Reducción de la brecha de género en el empleo, al evitar que la maternidad se convierta en un obstáculo para la promoción profesional.
- ⇨ Cambio cultural hacia modelos familiares más igualitarios y diversas formas de organización del trabajo (flexibilidad horaria, teletrabajo, jornada comprimida, etc.).

Sin embargo, persisten desafíos importantes, como la sobrecarga invisible de las tareas domésticas, la feminización del trabajo a tiempo parcial y la necesidad de reforzar los servicios públicos de apoyo a la conciliación, especialmente en educación infantil y atención a la dependencia.

2.2.5. Conciliación, igualdad y sostenibilidad

En el marco de la **Agenda 2030 y de los Objetivos de Desarrollo Sostenible (ODS),** especialmente el **ODS 5** (Igualdad de género) y el **ODS 8** (Trabajo decente y crecimiento económico), la conciliación se considera un elemento esencial para la sostenibilidad social y económica.

Garantizar la igualdad en los tiempos de trabajo y de vida no solo mejora la calidad de vida de las personas, sino que aumenta la productividad, reduce el absentismo y mejora la cohesión social. La conciliación no es una concesión, sino un derecho laboral y ciudadano que favorece la construcción de una sociedad más equilibrada y solidaria.

La Ley 39/1999 fue el punto de partida para transformar el modelo laboral español hacia la igualdad y la corresponsabilidad. Las reformas posteriores -en especial las de 2019, 2021 y 2023- han ampliado este marco, consolidando un sistema que reconoce el valor del cuidado, promueve la equidad y protege los derechos de todas las personas trabajadoras.

La conciliación, entendida como una forma de justicia social, no solo mejora la vida familiar, sino que impulsa la igualdad efectiva entre mujeres y hombres, refuerza la autonomía personal y contribuye al bienestar colectivo. En definitiva, conciliar es vivir mejor y construir una sociedad más justa, corresponsable y humana.

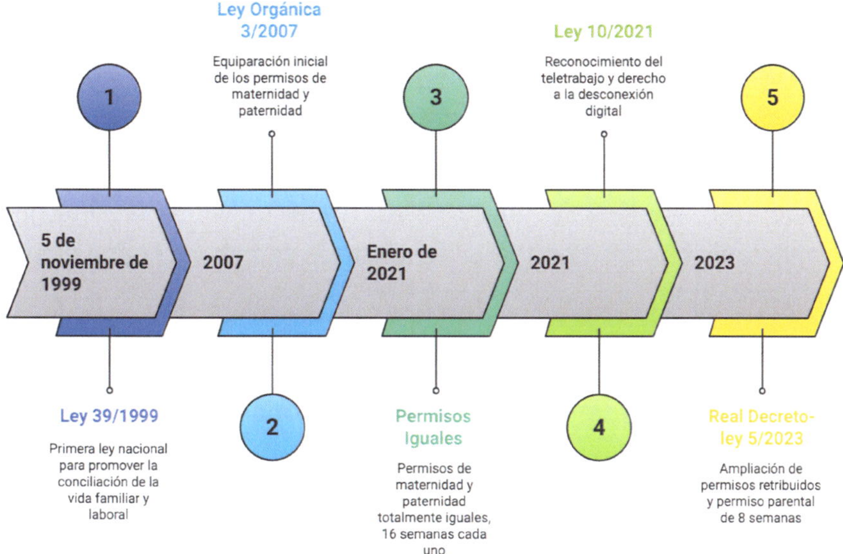

2.3. Observatorio de la Igualdad de Oportunidades entre Mujeres y Hombres

El Observatorio de la Igualdad de Oportunidades entre Mujeres y Hombres es un organismo público de análisis, investigación y seguimiento que desempeña un papel clave en la evaluación de las políticas de igualdad en España.

Fue creado por el Real Decreto 1686/2000, de 6 de octubre, dentro del entonces Ministerio de Trabajo y Asuntos Sociales, con el objetivo de recopilar, analizar y difundir información sobre la situación de las mujeres en los distintos ámbitos sociales, económicos, políticos y culturales, así como de detectar las desigualdades persistentes entre mujeres y hombres.

En la actualidad, el Observatorio depende del Instituto de las Mujeres, organismo adscrito al Ministerio de Igualdad, y forma parte de la estructura institucional del Sistema Nacional de Políticas de IgualdadSu misión fundamental es servir de herramienta de apoyo técnico y científico para el diseño, implementación y evaluación de las políticas públicas en materia de igualdad.

2.3.1. Objetivos del Observatorio

El Observatorio se concibe como un espacio de conocimiento y cooperación institucional que busca proporcionar una visión global, rigurosa y actualizada sobre la situación de la igualdad en España.

Sus objetivos principales son:

- ⇨ **Recoger, analizar y difundir información** sobre la situación de mujeres y hombres en todos los sectores sociales y económicos.
- ⇨ **Evaluar el impacto de las políticas públicas** en materia de igualdad, empleo, educación, salud, participación política y conciliación.
- ⇨ **Identificar tendencias y nuevas formas de desigualdad** o discriminación, especialmente en contextos emergentes como la digitalización o la economía verde.
- ⇨ **Asesorar a las administraciones públicas** en la elaboración de planes, programas y estrategias de igualdad.
- ⇨ Coordinar y fomentar la investigación en materia de género y políticas públicas.
- ⇨ Promover la cooperación internacional y el intercambio de buenas prácticas con organismos europeos y de Naciones Unidas.

2.3.2. Funciones principales

Para cumplir estos objetivos, el Observatorio desarrolla un conjunto de funciones estratégicas y operativas:

- ♦ **Análisis y recopilación de datos**
  - ⇨ Actúa como **centro de información permanente** sobre igualdad y género.
  - ⇨ Recoge y sistematiza datos procedentes de diversas fuentes (INE, SEPE, Ministerio de Igualdad, Eurostat, OCDE, etc.).
  - ⇨ Elabora **indicadores de género** comparables a nivel nacional e internacional, permitiendo medir los avances y retrocesos en la igualdad de oportunidades.

- **Evaluación de políticas públicas**
  - Analiza la **eficacia y el impacto** de las leyes, planes y programas de igualdad impulsados por las administraciones públicas.
  - Formula **recomendaciones y propuestas de mejora** basadas en evidencias.
  - Colabora en la elaboración de los **Informes Anuales de Igualdad**, remitidos al Parlamento.
- **Investigación y estudios especializados**
  - Promueve investigaciones sobre temas emergentes:
    - Brecha salarial y segregación laboral.
    - Violencia de género y sexual.
    - Conciliación y corresponsabilidad.
    - Igualdad en el ámbito rural y en la ciencia.
    - Brecha digital y desigualdad tecnológica.
  - Publica informes y monografías que se ponen a disposición del público y de las administraciones a través de la web del Instituto de las Mujeres.
- **Difusión y sensibilización**
  - Desarrolla campañas de información y jornadas técnicas sobre igualdad.
  - Colabora con universidades, centros de investigación, sindicatos, asociaciones empresariales y ONG.
  - Fomenta la transferencia de conocimiento entre la investigación académica y la acción política.
- **Cooperación internacional**
  - Representa a España en foros europeos e internacionales dedicados a la igualdad de género, como el Instituto Europeo de la Igualdad de Género (EIGE) o la Comisión sobre la Condición Jurídica y Social de la Mujer (ONU Mujeres).

- ⇨ Participa en la elaboración de indicadores europeos de igualdad y en proyectos de cooperación con América Latina y el Mediterráneo.

2.3.3. Estructura y composición

El Observatorio está integrado por representantes de distintos ministerios, organismos públicos y entidades de la sociedad civil.

Entre sus miembros se incluyen:

- ⇨ Representantes de los Ministerios de Igualdad, Trabajo, Educación, Sanidad, Justicia, Economía y Transición Ecológica.
- ⇨ Expertos y expertas en materia de igualdad, sociología, derecho laboral, políticas públicas y estadística.
- ⇨ Representantes de organizaciones sindicales, empresariales y del movimiento asociativo de mujeres.

La dirección técnica y coordinación corresponde al Instituto de las Mujeres, que garantiza la integración de los trabajos del Observatorio con los objetivos del Plan Estratégico de Igualdad de Oportunidades (PEIO) y con las estrategias de la Unión Europea.

2.3.4. Publicaciones e informes destacados

El Observatorio elabora y difunde periódicamente distintos tipos de documentos, entre los que destacan:

- ⇨ Informes anuales sobre la situación de la igualdad en España, que recogen datos estadísticos, análisis de tendencias y evaluación de políticas.
- ⇨ Boletines temáticos de igualdad, centrados en temas como la brecha salarial, la conciliación, la violencia de género, la participación política o la presencia de mujeres en los medios de comunicación.
- ⇨ Estudios sectoriales sobre la situación de las mujeres en ámbitos específicos: ciencia, cultura, deporte, emprendimiento, medio rural, digitalización o transición energética.

- ⇨ Indicadores de Igualdad de Género, armonizados con los estándares del Instituto Europeo de la Igualdad de Género (EIGE), que permiten comparar los avances de España respecto al resto de Europa.

Toda esta información está disponible en el Portal del Instituto de las Mujeres (igualdad.inmujeres.gob.es), contribuyendo a la transparencia y a la sensibilización ciudadana.

2.3.5. Relevancia y papel actual

En el contexto actual, marcado por los desafíos de la digitalización, la transición ecológica y los cambios demográficos, el Observatorio desempeña un papel esencial como herramienta de diagnóstico y orientación estratégica.

Sus análisis permiten detectar nuevas formas de desigualdad, como la brecha digital de género, la feminización de la pobreza energética o las desigualdades en el acceso a la inteligencia artificial y a la economía verde.

Además, el Observatorio contribuye a fortalecer la coherencia entre las políticas nacionales y las europeas, asegurando que las medidas españolas estén alineadas con la Estrategia Europea para la Igualdad de Género 2020-2025 y los Objetivos de Desarrollo Sostenible (ODS) de la Agenda 2030.

El Observatorio de la Igualdad de Oportunidades entre Mujeres y Hombres constituye un pilar fundamental en la estructura institucional de la igualdad en España.

Su trabajo técnico y su función de análisis garantizan que las políticas públicas no se basen solo en principios, sino también en evidencias verificables y datos contrastados.

Gracias a su labor, las administraciones disponen de información precisa para diseñar políticas más eficaces y adaptadas a las realidades sociales.

El Observatorio simboliza la evolución de las políticas de igualdad hacia una etapa más madura, basada en la transparencia, la evaluación constante y la rendición de cuentas, pilares indispensables para consolidar la igualdad efectiva y sostenible entre mujeres y hombres.

Resumen

La igualdad entre mujeres y hombres constituye un pilar esencial de las sociedades democráticas modernas. Sin embargo, a pesar de los avances legislativos, la igualdad real continúa enfrentando importantes obstáculos de carácter estructural, cultural y económico. Esta disparidad entre igualdad legal y efectiva es el eje central del presente tema, que examina tanto el marco normativo como las políticas públicas y sociales orientadas a promover la equidad de género en España.

Desde el punto de vista jurídico, la igualdad se encuentra plenamente reconocida en la Constitución Española de 1978, donde el artículo 14 establece la prohibición de discriminación por razón de sexo, entre otros factores. A ello se suma el artículo 9.2, que otorga a los poderes públicos la responsabilidad de fomentar condiciones que aseguren una igualdad real y efectiva. No obstante, estas garantías legales no bastan por sí solas para erradicar las desigualdades que perviven en la vida cotidiana, como la brecha salarial, la desigual representación política o los estereotipos de género.

La distinción entre igualdad legal e igualdad real resulta crucial. Mientras la primera se refiere al reconocimiento jurídico formal de los derechos, la segunda implica que dichos derechos se puedan ejercer en condiciones de equidad efectiva. En la práctica, las mujeres siguen enfrentando múltiples barreras invisibles, como los "techos de cristal", que limitan su acceso a puestos de responsabilidad, y los "suelos pegajosos", que dificultan su ascenso profesional. Estas realidades ponen de relieve la necesidad de transformar estructuras y mentalidades profundamente arraigadas en la sociedad.

Uno de los aspectos fundamentales abordados en este tema es la discriminación, tanto directa como indirecta. La primera se manifiesta cuando existe un trato desfavorable explícito por razón de sexo, mientras que la segunda ocurre cuando una norma o práctica aparentemente neutra coloca a las mujeres en desventaja. Ambas formas de discriminación son ilegales y atentan contra los principios constitucionales de igualdad.

En respuesta a esta problemática, se han desarrollado políticas públicas orientadas a promover la igualdad, las cuales pueden clasificarse en dos tipos: las políticas específicas, que actúan directamente sobre las desigualdades de género, y las políticas transversales o de "mainstreaming", que integran la perspectiva de género en todas las áreas de la acción institucional. Este enfoque holístico busca no solo paliar las desigualdades existentes, sino también prevenir su reproducción en todos los niveles de la vida social, económica y política.

España ha logrado importantes avances legislativos en esta materia. La Ley Orgánica 3/2007, para la igualdad efectiva de mujeres y hombres, ha sido una de las más relevantes, al introducir medidas transformadoras que abarcan desde la participación política hasta la conciliación laboral y familiar. También destacan la Ley Orgánica 1/2004 contra la violencia de género, el Real Decreto 901/2020 sobre planes de igualdad en empresas, y el Real Decreto 902/2020 sobre igualdad retributiva. A nivel europeo, la Estrategia para la Igualdad de Género 2020–2025 y el Pilar Europeo de Derechos Sociales refuerzan el compromiso común con la igualdad.

El papel de las empresas en este proceso es igualmente crucial. Se espera que integren la perspectiva de género en sus políticas internas, promuevan la transparencia retributiva, y garanticen ambientes laborales libres de acoso. La administración pública, por su parte, debe dar ejemplo mediante presupuestos con perspectiva de género, seguimiento de políticas y promoción del liderazgo femenino.

La igualdad efectiva, sin embargo, va más allá de la normativa. Requiere una transformación cultural que comience en la educación, con la promoción de valores de respeto, corresponsabilidad y diversidad desde la infancia. También implica visibilizar el liderazgo femenino, especialmente en ámbitos históricamente masculinizados como la ciencia, la tecnología o la política, y fomentar la coeducación como herramienta de prevención.

Las políticas específicas de igualdad nacen del reconocimiento de las desigualdades históricas que han afectado a las mujeres. Su objetivo es corregir desequilibrios mediante acciones concretas que promuevan la autonomía económica, social y personal de las mujeres, eliminen la violencia de género y fomenten la conciliación. A lo largo del tiempo, estas políticas han permitido aumentar la visibilidad de las mujeres, facilitar su acceso al empleo y promover cambios normativos. No obstante, persisten desafíos como la brecha salarial o la infrarrepresentación femenina en puestos de liderazgo.

El Instituto de las Mujeres, creado en 1983, ha sido una institución clave para consolidar las políticas de igualdad en España. Actúa como motor técnico y científico de estas políticas, y coordina esfuerzos entre administraciones. Su labor se complementa con instrumentos legislativos como la Ley Orgánica 1/2004, que revolucionó el abordaje de la violencia machista desde una perspectiva integral —prevención, protección y reparación—, estableciendo derechos laborales, judiciales, educativos y sociales para las víctimas.

La Ley Orgánica 10/2022, conocida como la Ley del "Solo sí es sí", marcó un nuevo hito al situar el consentimiento como eje central del derecho penal en materia de violencia sexual. Esta ley unifica los delitos de abuso y agresión sexual, define el consentimiento de forma clara y positiva, y promueve una respuesta institucional integral que abarca prevención, protección, atención y reparación. Asimismo, introduce medidas en el ámbito laboral, educativo y sanitario, y refuerza la protección frente al acoso y la violencia digital.

En el ámbito de la diversidad, la Ley 4/2023 para la igualdad real y efectiva de las personas trans y LGTBI representa un avance significativo. Esta norma garantiza la autodeterminación de género, prohíbe las terapias de conversión y protege frente a la discriminación en todos los sectores: salud, educación, empleo, familia y cultura. Se trata de una ley que pone en el centro la dignidad humana y la libertad de expresión de la identidad.

Por otra parte, los Reales Decretos 901 y 902 de 2020 han transformado la gestión de recursos humanos en las empresas. El primero obliga a las organizaciones con más de 50 trabajadores a elaborar y registrar planes de igualdad, mientras que el segundo establece mecanismos de transparencia salarial y exige auditorías retributivas. Estas herramientas permiten detectar y corregir desigualdades salariales estructurales, reforzando la responsabilidad social y la sostenibilidad empresarial.

El Plan Estratégico de Igualdad de Oportunidades (PEIO) 2022–2025 articula las líneas generales de la política pública de igualdad en España. Su estructura se basa en cinco ejes: gobernanza y participación, empleo y corresponsabilidad, educación y cultura, erradicación de la violencia, y bienestar y salud. Cada eje contiene medidas específicas para avanzar hacia una igualdad real, prestando especial atención a la interseccionalidad, la digitalización y la sostenibilidad.

En cuanto al empleo asalariado, a pesar de que las mujeres han incrementado significativamente su presencia en el mercado laboral, persisten grandes desigualdades. La tasa de desempleo femenino es más alta, predominan los contratos temporales y a tiempo parcial, y se mantiene la doble jornada. Además, la segregación horizontal y vertical impide el acceso equitativo a sectores estratégicos y cargos de responsabilidad. Esta desigualdad también se refleja en la brecha salarial, alimentada por la infravaloración de las competencias tradicionalmente femeninas y la penalización de la maternidad.

La conciliación de la vida laboral, familiar y personal es una pieza clave para garantizar la igualdad. Desde la Ley 39/1999, las medidas han evolucionado hacia un modelo más equitativo. La equiparación de permisos de maternidad y paternidad, el reconocimiento del teletrabajo como derecho de conciliación y la protección frente a despidos relacionados con el cuidado familiar son avances significativos. Aún así, queda camino por recorrer para lograr una corresponsabilidad efectiva entre hombres, mujeres, empresas y Estado.

Finalmente, el Observatorio de la Igualdad de Oportunidades entre Mujeres y Hombres, dependiente del Instituto de las Mujeres, es una herramienta fundamental de evaluación y análisis. Su labor permite generar conocimiento riguroso y actualizado, identificar nuevas formas de desigualdad y orientar las políticas públicas hacia soluciones basadas en evidencia.

En conclusión, la igualdad de género en España ha recorrido un largo camino desde el reconocimiento formal de los derechos hasta la construcción de un entramado normativo y político orientado a la transformación estructural. Sin embargo, la igualdad efectiva sigue siendo un objetivo en construcción, que exige el compromiso activo de instituciones, empresas y ciudadanía. No basta con legislar: es necesario educar, sensibilizar y actuar colectivamente para que la igualdad deje de ser una aspiración y se convierta en una realidad vivida.

AUTOEVALUACIÓN

1. ¿Qué diferencia fundamental existe entre la igualdad legal y la igualdad efectiva?

    A. La igualdad legal favorece a las mujeres, mientras que la igualdad efectiva favorece a los hombres.

    B. La igualdad legal se refiere a la existencia de leyes, mientras que la igualdad efectiva implica su aplicación real.

    C. La igualdad efectiva es solo un concepto teórico sin implicaciones prácticas.

    D. La igualdad legal solo se aplica en el ámbito familiar.

2. ¿Qué artículo de la Constitución Española permite la adopción de acciones positivas para eliminar desigualdades?

    A. Artículo 14

    B. Artículo 35

    C. Artículo 23

    D. Artículo 9.2

3. ¿Cuál es un ejemplo claro de discriminación indirecta?

    A. Pagar menos a una mujer por hacer el mismo trabajo.

    B. No contratar a una mujer embarazada.

    C. Establecer horarios laborales rígidos que afectan más a mujeres con tareas de cuidado.

    D. Impedir a una mujer acceder a estudios universitarios.

4. ¿Qué son las políticas transversales de igualdad?

    A. Medidas dirigidas solo a sectores industriales.

    B. Políticas centradas exclusivamente en la maternidad.

    C. Aquellas que incorporan la perspectiva de género en todas las políticas públicas.

    D. Programas de igualdad para personas con discapacidad.

5. ¿Qué normativa española introdujo por primera vez el enfoque de transversalidad de género?

   A. Ley 39/1999
   B. Ley Orgánica 3/2007
   C. Ley Orgánica 1/2004
   D. Real Decreto 902/2020

6. ¿Qué es el "techo de cristal"?

   A. Una ley que protege a las mujeres en el ámbito laboral.
   B. Un límite legal a los ascensos de las mujeres.
   C. Una barrera invisible que impide a las mujeres alcanzar altos cargos.
   D. Una medida de protección frente a la violencia de género.

7. ¿Cuál de las siguientes medidas forma parte del Real Decreto 902/2020 sobre igualdad retributiva?

   A. La creación del Observatorio de Igualdad.
   B. La introducción del permiso de paternidad igual e intransferible.
   C. La obligación de realizar auditorías salariales en empresas con Plan de Igualdad.
   D. La inclusión del currículo educativo con enfoque de igualdad.

8. Según la Ley Orgánica 10/2022, ¿cuándo existe consentimiento en una relación sexual?

   A. Cuando no hay violencia ni amenazas.
   B. Cuando se presume que la persona accede por no oponerse.
   C. Cuando hay una manifestación libre y clara de la voluntad de participar.
   D. Cuando existe relación sentimental previa.

9. ¿Qué organismo estatal se encarga de analizar y evaluar las políticas de igualdad?

   A. Consejo de Ministros
   B. Tribunal Constitucional
   C. Observatorio de la Igualdad de Oportunidades entre Mujeres y Hombres
   D. Instituto Nacional de Estadística

10. ¿Qué objetivo principal tiene el Plan Estratégico de Igualdad de Oportunidades (PEIO) 2022–2025?

- **A.** Favorecer únicamente a las mujeres víctimas de violencia de género.
- **B.** Incrementar la natalidad en España.
- **C.** Garantizar la igualdad real entre mujeres y hombres en todos los ámbitos.
- **D.** Eliminar todas las leyes que regulan la igualdad formal.

GLOSARIO

Acción positiva:

Medida temporal destinada a corregir desigualdades de hecho que afectan a las mujeres, promoviendo su participación en condiciones de igualdad real.

Acoso sexual y por razón de sexo:

Conductas de carácter verbal, no verbal o físico con connotación sexual o basadas en el sexo de una persona, que crean un entorno intimidatorio, hostil o humillante.

Adaptabilidad:

Capacidad de una persona para ajustarse a los cambios del entorno laboral, tecnológicos o sociales, aprendiendo nuevas habilidades cuando es necesario.

Agenda 2030:

Programa global de la ONU con 17 Objetivos de Desarrollo Sostenible (ODS), entre ellos el ODS 5, que busca lograr la igualdad de género y empoderar a todas las mujeres y niñas.

Agenda de búsqueda de empleo:

Herramienta de planificación que permite organizar y hacer seguimiento de las acciones realizadas durante la búsqueda activa de trabajo.

Análisis DAFO:

Técnica de autodiagnóstico personal o empresarial que identifica Debilidades, Amenazas, Fortalezas y Oportunidades para orientar la toma de decisiones.

Atmósfera:

Capa de gases que rodea la Tierra y permite la vida al regular la temperatura y filtrar la radiación solar.

Autoempleo:

Modalidad laboral en la que una persona trabaja por cuenta propia, gestionando su propio negocio o actividad profesional.

Autoconocimiento:

Proceso de reflexión sobre las propias capacidades, valores y motivaciones, fundamental para definir objetivos profesionales coherentes.

Biodiversidad:

Variedad de formas de vida existentes en la Tierra, incluyendo especies, genes y ecosistemas. Es esencial para el equilibrio ecológico y la supervivencia humana.

Biosfera:

Franja del planeta donde se desarrolla la vida, integrada por la litosfera, la hidrosfera y la atmósfera.

Brecha salarial de género:

Diferencia promedio de ingresos entre mujeres y hombres por trabajos de igual valor. En España ronda el 17 %.

Cadena trófica:

Serie de relaciones alimentarias entre organismos de un ecosistema, donde la energía fluye desde los productores hasta los consumidores y descomponedores.

Cambio climático:

Alteración prolongada de los patrones climáticos de la Tierra, causada principalmente por la actividad humana y el aumento de gases de efecto invernadero.

Capital social:

Conjunto de aportaciones económicas de los socios en una empresa (SL, SA o cooperativa) que determina su participación y responsabilidad.

Competencias blandas (soft skills):

Habilidades personales y sociales como la comunicación, empatía o trabajo en equipo, esenciales para la empleabilidad moderna.

Competencias digitales:

Conjunto de conocimientos y destrezas para manejar herramientas tecnológicas, redes y entornos digitales en el trabajo.

Conciliación:

Equilibrio entre la vida laboral, familiar y personal que permite compatibilizar el empleo con las responsabilidades domésticas y de cuidado.

Constitución Española de 1978:

Norma suprema que reconoce la igualdad ante la ley (art. 14) y obliga a los poderes públicos a promover la igualdad real y efectiva (art. 9.2).

Corresponsabilidad:

Reparto equitativo de las tareas domésticas y de cuidado entre hombres, mujeres, Estado y empresas.

Currículum Vitae (CV):

Documento que resume la trayectoria profesional, formativa y las competencias de una persona, adaptado a las exigencias del puesto o ámbito al que se presenta. Su finalidad es ofrecer una visión clara y estructurada de la experiencia laboral, los estudios realizados, las habilidades, los logros y otros aspectos relevantes que permitan al empleador valorar la idoneidad del candidato para un determinado trabajo o proyecto

Deforestación:

Pérdida o destrucción de masas forestales debido a la tala, los incendios o la expansión agrícola y urbana. Contribuye al cambio climático y la pérdida de biodiversidad.

Desarrollo sostenible:

Modelo de progreso que satisface las necesidades actuales sin comprometer los recursos de las generaciones futuras, equilibrando las dimensiones ambiental, social y económica.

Desertificación:

Proceso de degradación de suelos fértiles que se transforman en áreas áridas o improductivas, causado por el cambio climático y la sobreexplotación humana.

Discriminación directa:

Trato desfavorable explícito hacia una persona por razón de su sexo. Ejemplo: pagar menos a una mujer por el mismo trabajo.

Discriminación indirecta:

Situación en la que una medida o práctica aparentemente neutra perjudica de manera desproporcionada a un sexo respecto al otro.

Diversidad LGTBI:

Reconocimiento de la pluralidad de orientaciones sexuales e identidades de género (lesbiana, gay, bisexual, trans e intersexual), garantizando su igualdad y no discriminación.

Economía circular:

Modelo económico basado en reducir, reutilizar y reciclar los recursos para minimizar los residuos y el impacto ambiental.

Educación ambiental:

Proceso de aprendizaje que promueve la comprensión y el respeto hacia el medio ambiente, fomentando hábitos sostenibles y compromiso ciudadano.

Educación en igualdad:

Estrategia educativa que fomenta el respeto, la corresponsabilidad y la igualdad entre mujeres y hombres desde la infancia.

Ecosistema:

Sistema natural formado por seres vivos (biocenosis) que interactúan entre sí y con el medio físico (biotopo), manteniendo un flujo constante de energía y materia.

Eficiencia energética:

Uso racional de la energía para obtener el máximo rendimiento con el menor consumo posible, reduciendo emisiones y costes.

Energías renovables:

Fuentes de energía inagotables y limpias, como la solar, eólica, hidráulica, geotérmica o biomasa, que no generan gases contaminantes.

Efecto invernadero:

Fenómeno natural que mantiene la temperatura del planeta al retener parte del calor solar; su intensificación por actividades humanas causa el calentamiento global.

Empleabilidad:

Conjunto de capacidades, conocimientos y actitudes que aumentan las posibilidades de acceder y mantener un empleo.

Empresario individual (autónomo):

Persona física que realiza una actividad económica por cuenta propia y asume la responsabilidad de su negocio.

Evaluación de Impacto Ambiental (EIA):

Procedimiento técnico y legal que analiza los efectos ambientales de un proyecto antes de su ejecución, para prevenir o mitigar daños.

Fauna:

Conjunto de animales que habitan en un ecosistema o región determinada. Cada especie cumple un papel ecológico específico.

Flora:

Conjunto de especies vegetales de una zona. Cumple funciones vitales como producir oxígeno, regular el clima y evitar la erosión.

Formación continua:

Proceso permanente de aprendizaje que permite actualizar las competencias técnicas y personales para mejorar la empleabilidad.

Huella de carbono:

Medida de la cantidad total de gases de efecto invernadero emitidos directa o indirectamente por una persona, empresa o producto.

Igualdad efectiva:

Situación en la que mujeres y hombres pueden ejercer sus derechos y oportunidades en condiciones reales de equidad, más allá del marco legal.

Igualdad legal:

Reconocimiento formal de los mismos derechos y obligaciones ante la ley, sin distinción de sexo.

Innovación:

Aplicación de ideas nuevas en productos, servicios o procesos para mejorar su eficiencia o valor.

Instituto de las Mujeres:

Organismo estatal creado en 1983 para impulsar, coordinar y evaluar las políticas públicas de igualdad entre mujeres y hombres.

Ley 4/2023 (Ley Trans y LGTBI):

Garantiza la igualdad y autodeterminación de las personas trans y la no discriminación por orientación o identidad sexual.

Ley Orgánica 1/2004:

Norma de protección integral contra la violencia de género que articula medidas judiciales, educativas, sociales y laborales para proteger a las víctimas.

Ley Orgánica 3/2007:

Ley para la igualdad efectiva de mujeres y hombres que introduce el principio de transversalidad de género y obliga a las empresas a aplicar planes de igualdad.

Ley Orgánica 10/2022 ("Solo sí es sí"):

Norma que redefine el consentimiento sexual como requisito central y unifica los delitos de abuso y agresión sexual.

Mainstreaming de género (transversalidad):

Integración de la perspectiva de género en todas las políticas públicas, presupuestos y decisiones institucionales.

Marca personal:

Imagen profesional que una persona proyecta, especialmente a través de su presencia digital, que refleja su valor y estilo

Medio ambiente:

Conjunto de elementos naturales, sociales y culturales que rodean a los seres vivos y condicionan su existencia.

Mitigación:

Conjunto de acciones destinadas a reducir o evitar las emisiones de gases de efecto invernadero para frenar el cambio climático.

Movilidad laboral:

Capacidad o disposición para cambiar de lugar, empresa o función en busca de mejores oportunidades.

Networking:

Red de contactos profesionales que facilita el intercambio de información, oportunidades de empleo y colaboración.

ODS 5 (Objetivo de Desarrollo Sostenible 5):

Meta de Naciones Unidas que busca lograr la igualdad de género y empoderar a todas las mujeres y niñas.

Observatorio de la Igualdad de Oportunidades:

Organismo público de análisis y seguimiento de las políticas de igualdad, dependiente del Instituto de las Mujeres.

Plan de Igualdad:

Conjunto de medidas adoptadas en una empresa para garantizar la igualdad de trato y oportunidades, y eliminar la discriminación por sexo.

Plan Estratégico de Igualdad de Oportunidades (PEIO):

Instrumento cuatrienal que coordina todas las políticas públicas de igualdad en España. El actual plan (2022–2025) se estructura en cinco ejes: gobernanza, empleo, educación, violencia y bienestar.

Proyecto de empleo:

Plan personal de inserción laboral basado en los objetivos, competencias y valores de una persona.

Regla de las tres R:

Principio de sostenibilidad que promueve Reducir, Reutilizar y Reciclar para disminuir la generación de residuos y aprovechar mejor los recursos.

Resiliencia:

Capacidad de superar situaciones adversas y aprender de ellas sin perder la motivación.

Responsabilidad social:

Compromiso de una empresa o profesional con el impacto ético, social y ambiental de su actividad.

Segregación laboral:

Concentración desigual de mujeres y hombres en determinados sectores o niveles jerárquicos. Puede ser horizontal (por sectores) o vertical (por cargos).

Sostenibilidad:

Capacidad de mantener el equilibrio entre desarrollo económico, bienestar social y protección del medio ambiente a largo plazo.

Sucesión ecológica:

Proceso natural de cambio en los ecosistemas donde unas comunidades de especies sustituyen a otras hasta alcanzar un equilibrio estable o clímax.

Suelos pegajosos:

Condiciones estructurales o culturales que mantienen a las mujeres en puestos de baja responsabilidad o remuneración.

Techo de cristal:

Barreras invisibles que impiden a las mujeres acceder a puestos directivos o de decisión, pese a su formación y capacidad.

Teletrabajo:

Modalidad laboral que permite desempeñar las tareas profesionales fuera de la sede física de la empresa, utilizando herramientas digitales.

Transformación digital:

Integración de tecnologías digitales en todas las áreas de una organización, cambiando la forma en que opera y aporta valor.

Transición energética:

Proceso de sustitución de fuentes fósiles por energías renovables y limpias para reducir las emisiones de carbono y lograr la neutralidad climática.

Trabajo por cuenta ajena:

Relación laboral en la que una persona presta servicios a una empresa o institución bajo su dirección y a cambio de un salario.

Uso responsable del agua:

Conjunto de prácticas orientadas a ahorrar, reutilizar y proteger el agua para garantizar su disponibilidad futura.

Violencia de género:

Manifestación extrema de la desigualdad que se ejerce contra las mujeres por el hecho de serlo, en cualquier ámbito, especialmente el de la pareja o expareja.

Violencia sexual:

Todo acto sexual sin consentimiento, incluyendo acoso, agresión o explotación. Está regulada por la Ley Orgánica 10/2022.